Violencia Espiritual
y fenómenos religiosos que abusan de la fe

Violencia Espiritual
y fenómenos religiosos que abusan de la fe

Karina Vargas
Alba Onofrio
Judith Bautista Fajardo

Soulforce Inc.

Violencia Espiritual y fenómenos religiosos que abusan de la fe

Derechos de autoras © 2022 Todos los derechos reservados

El contenido y el diseño de *Violencia Espiritual y fenómenos religiosos que abusan de la fe* son registrados con todos los derechos reservados por Soulforce.

www.soulforce.org/es

Publicado por Soulforce, Inc.

Ilustración y diseño— Bryony Dick
Equipo de redacción— Rev. Alba Onofrio, Karina Vargas,
          Judith Bautista Fajardo
Equipo editorial— Aly Benítez, Judith Bautista Fajardo,
          Rev. Alba Onofrio, Karina Vargas
Correctora— Nadia Arellano

ISBN: 978-1-7361267-6-9

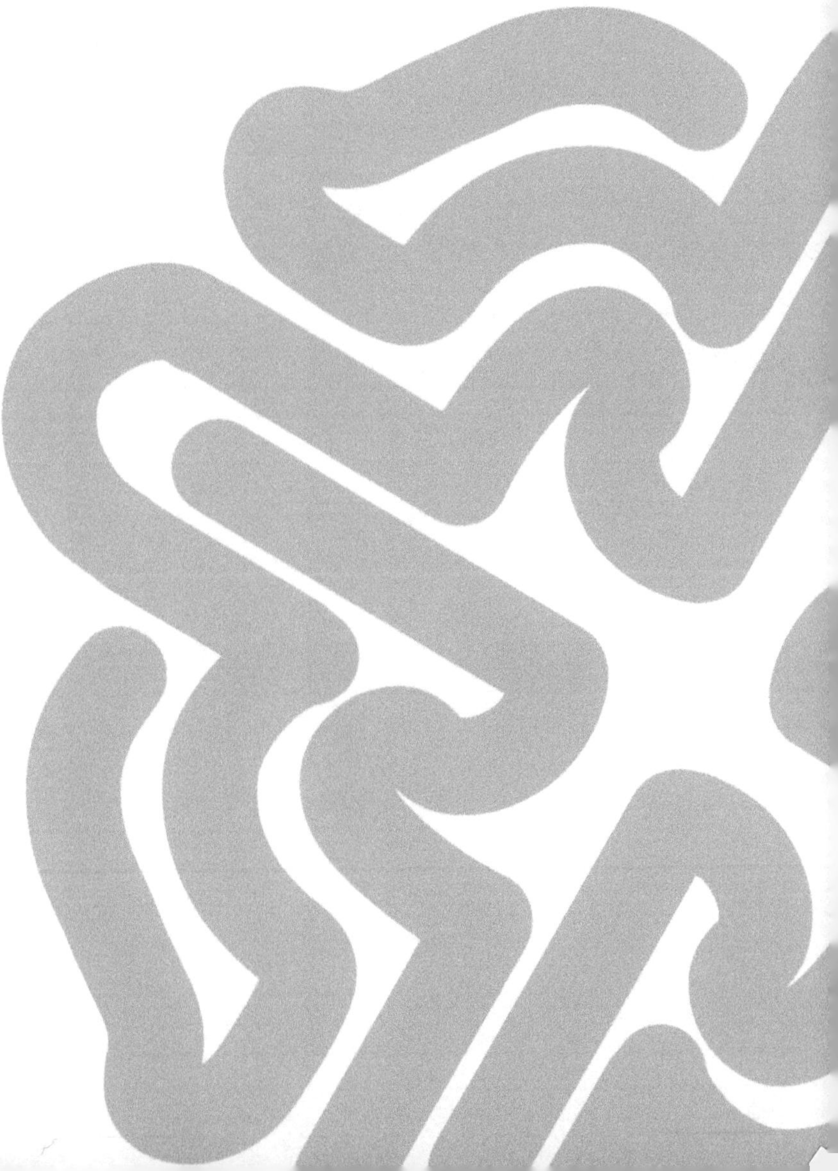

Índice

Nota a lectores iii

Introducción 1

1: La Supremacía Cristiana 7
   Orígenes de la Supremacía Cristiana en América   15
   Fe en resistencia   16
   Descolonizar cuerpos, mentes y espíritus   20

2: La Violencia Espiritual 28
   El uso de la Biblia en la Violencia Espiritual   33
   Violencia de género e imposición de la heteronormatividad   36
   La Violencia Espiritual de cada día   40
   Sanando las heridas de la Violencia Espiritual   44
   Acciones para activar el proceso de sanación
      de la Violencia Espiritual   46

3: Terrorismo Espiritual 54
   ¿Qué podemos hacer frente al Terrorismo Espiritual?   71

4: Abuso Religioso 76
   Orígenes del Abuso Religioso: El sistema de vasallaje   78
   El patrón original del Abuso Religioso   81
   El vasallaje en nuestros días   82
   El uso de la Biblia en el Abuso Religioso   84
   El Legalismo Religioso: Un constructo social   87
   El Abuso Religioso de cada día   88
   Sanando las heridas del Abuso Religioso   94
   Estrategias para activar el proceso de
      sanación del Abuso Religioso   95

5: Trauma Espiritual **100**
  Abuso sexual y el Abuso Religioso   104
  Cuando lo violento se vuelve familiar   106

Palabras de cierre **110**

La Comunidad de Las Sinvergüenzas **114**

Sobre lxs Autoras **117**

Conceptos clave **120**

Nota metodólogica y bibliografía recomendada **124**

ii

Nota a lectores

1. Usamos la "e" para indicar la diversidad de expresiones de género con que los seres humanos podemos identificarnos. A veces la "e" representa la identidad explícita de una persona que no se identifica con las opciones binarias "-o /-a." Otras veces, usamos la "e" o "x" para hablar de una persona o de varias personas cuya identidad de género es desconocida o diversa. Igualmente usamos el femenino en donde queremos resaltar las afectaciones que como mujeres hemos vivido en torno a las problemáticas tratadas. En Soulforce, creemos que es importante nombrar y llamar a cada une según su identidad personal y real como parte de reconocer la dignidad de cada persona. Para más información, véase el siguiente link: https://www.ngenespanol.com/el-mundo/identidad-sexual-y-de-genero-definicion-de-identidad-de-genero/

2. La conexión con el cuerpo, si bien proveerá sensaciones de relajación y liberación, también puede detonar y despertar memorias y emociones guardadas. Y aunque esto es positivo para la sanación, es importante vivirlos en grupo y en ambientes cuidadosos que ofrezcan confianza y seguridad. Asegúrate de crear un espacio con estas características para vivir estas experiencias.

Introducción

Lo religioso-espiritual: un fenómeno humano con miles de posibilidades

Tal vez les ha pasado en espacios sociales y familiares, que alguien comenta: ¡mejor no hablemos de religión porque vamos a terminar peleados! Esta práctica de evasión y negación nos ha robado la posibilidad de entrar al verdadero conflicto del tema: la profundidad y complejidad de la experiencia religiosa y la forma en que esta nos afecta.

Nombrar o tratar de explicar lo religioso o lo espiritual, resulta complejo, porque involucra muchas dimensiones de la vida. Cuando tratamos de acercarnos a la vivencia espiritual estamos hablando de nuestras emociones y pensamientos; de las experiencias que muchas veces sustentan nuestras formas de ver el mundo y de vernos a nosotres mismes. En los espacios religiosos compartimos cosas muy íntimas de nuestras vidas: Lloramos y reímos, nos enojamos y asombramos, entregamos las experiencias pasadas y ciframos nuestros sueños para el futuro.

Pensar en lo religioso-espiritual es también recordar una herencia histórica, cultural y familiar. Independientemente de que hoy seamos personas que sostengamos o no un credo, la historia de nuestras familias y países ya ha marcado nuestra identidad y nuestras decisiones en temas espirituales y religiosos.

Lo que está en nuestros imaginarios como lo religioso-espiritual también representa, con frecuencia, nuestra íntima necesidad de ser reconocides, sentides y amades. Uno de los dolores más profundos que experimentamos quienes nos hemos atrevido a cuestionar las comunidades de fe donde crecimos, tiene que ver con perder el respaldo de esas personas que, de diversas maneras, nos representaba un lugar seguro.

Como seres humanos, nos acercamos a lo religioso-espiritual con necesidad de encontrar explicaciones a lo que nos intriga en la vida. Si bien, hoy podemos cuestionar muchas de estas explicaciones, es intrínseco del funcionamiento de nuestra psique, la necesidad de sentir que podemos entender, vislumbrar los sentidos de la vida y los acontecimientos; saber que hay algo que otorga sentido a la existencia, y que no vamos a perecer sin que algo antes nos salve o nos sostenga. Reconocemos que somos más que carne y huesos; somos sueños, deseos, preguntas, reflexiones, teorías, miedos, recuerdos, anhelos, sensaciones.

> Uno de los dolores más profundos que experimentamos quienes nos hemos atrevido a cuestionar las comunidades de fe donde crecimos, tiene que ver con perder el respaldo de la comunidad que, de diversas maneras, nos representaba un lugar seguro.

Finalmente, nos acercamos a lo religioso-espiritual convencidas de la existencia de algo más allá de nosotras. Lo hacemos con la esperanza de conectarnos profundamente con lo que tal vez podría ser nuestra esencia. En un mundo que quiere hacernos creer que la vida se sostiene en la materialidad y el poder económico, sabemos que nada está más lejos de la verdad. Aún cuando no tenemos un acuerdo en cómo se pueden describir o entender las realidades espirituales, sí podemos coincidir en que son espacios de intimidad humana, donde se encuentran muchas de nuestras búsquedas más profundas.

Y es allí, precisamente, en estos espacios en los que el ser humano se abre y la vulnerabilidad y necesidades más hondas se expresan en un ejercicio de confianza y entrega, en donde, con bastante frecuencia, esta disposición se ve manipulada, utilizada o agredida. Incluso sin darnos cuenta, somos expuestas a muchas formas de Violencia Espiritual y Abuso Religioso, relacionadas con realidades más amplias como la Hegemonía Religiosa y lo que en occidente conocemos como la Supremacía Cristiana.

Ofreceremos así, en este material un acercamiento a esos fenómenos religiosos que de diversas maneras abusan de la fe, poniendo en riesgo la vida, la dignidad y el acceso a los derechos de personas y grupos humanos excluidos. La comprensión de estas formas sutiles, veladas o evidentes de violencia que son vehiculadas y sustentadas desde los ámbitos religiosos y/o espirituales; el identificar estas realidades, conversar sobre ellas y conocer sus alcances e incidencia en nuestras vidas, constituirá un primer paso para confrontarlas, y crear espacios para acompañarnos y sanar juntes, entre quienes hemos sobrevivido a este tipo de violencias, diseñando mecanismos de protección para transformarlas y contrarrestar sus efectos.

Las cuatro primeras secciones de este texto se dedican a explicar algunos de los fenómenos religiosos que abusan de la fe de manera profunda:

En la sección uno, nos adentraremos en la comprensión de fenómenos históricos como la Hegemonía Religiosa y la Supremacía Cristiana, cuyos efectos alcanzan a sociedades enteras hasta los rincones más íntimos de la vida en formas de dominación, exclusión y estructuras violentas y desiguales.

En la sección dos, veremos cómo esta historia y las estrategias de la Supremacía Cristiana, desembocan en prácticas cotidianas y normalizadas de Violencia Espiritual. Nos ayudaremos a descifrar las diversas formas de Violencia Espiritual y las formas como estas se manifiestan en nuestra cotidianidad.

En la sección tres, profundizaremos en la forma como estas dinámicas sociales llegan a los extremos tales que se convierten en Terrorismo

Espiritual, agrediendo la vida y dañando irreparablemente las más hondas fibras de la humanidad, en los contextos en los que se manifiesta.

En la sección cuatro, veremos la forma como estas condiciones históricas de dominación y explotación desde la Supremacía Cristiana, generan las circunstancias propicias para el desarrollo de dinámicas de Abuso Religioso que se replican hasta nuestros días en las estructuras religiosas y en la cultura.

En cada uno de estos apartados ofrecemos, junto a un desarrollo histórico y una descripción de los alcances de estas problemáticas, algunas preguntas de reflexión, análisis e integración de los conceptos que facilitarán su aplicación en contextos específicos de nuestra vivencias cotidianas. Además de esto las narrativas reales de personas que han vivido diversas expresiones de estas violencias nos ayudarán a sensibilizarnos y a comprender con mayor claridad los efectos de ellas en nuestras vidas.

A lo largo de este libro también encontrarás espacios de interiorización para conectar con las emociones que estas circunstancias generan, así como espacios de conexión con el cuerpo en los que, mediante ejercicios de relajación, auto-observación y movimientos guiados, rastreamos las huellas traumáticas insertadas en la memoria corporal, dándoles vía de expresión y liberación. Sugerimos que estos ejercicios de conexión con las emociones y el cuerpo sean desarrollados en grupo, garantizando ambientes cuidadosos y protectores, en lo posible acompañados por personas que han avanzado en su sanidad y tienen disposición para acompañar a otros en su proceso de sanación.

Otro de los recursos tiene que ver con alternativas de sanidad, ideas, sugerencias y acciones que podemos emprender en grupo y a nivel personal. Nos referimos a caminos que algunas ya han realizado y se ofrecen para que otros los caminen, los recreen y los enriquezcan para así, juntes, seguir creando posibilidades de transformación hacia espacios familiares, educativos, sociales y religiosos, abiertos y respetuosos de la diversidad y la dignidad de todes les seres.

En la quinta última sección de este escrito, nos adentraremos en el Trauma

Espiritual, otro fenómeno complejo y lleno de aristas. A pesar de que no desarrollaremos extensamente, sí es preciso reconocerlo como consecuencia de los fenómenos violentos abordados. Aquí los testimonios y narrativas de vida nos permitirán resonar sensiblemente y reconocer las huellas dolorosas que estas violencias dejan y que se perpetúan en el tiempo limitando la vida, la libertad y la dignidad de las personas.

1: La Supremacía Cristiana

Para acercarnos al tema de la Violencia Espiritual y el Abuso Religioso, tenemos que comenzar por hablar de las condiciones históricas, sociales y culturales que hicieron posibles estas formas de violencia. Para esto entonces será esencial hablar de la Hegemonía Religiosa y la Supremacía Cristiana.

La Hegemonía Religiosa es una realidad global, presente en muchos momentos de la historia y que se manifiesta cuando un sistema de valores religiosos, sistemas de creencias o normas culturales propios de la religión dominante, predomina como criterio de normatividad en todos los aspectos de la sociedad, incluidas las estructuras educativas, políticas, sociales, económicas y legislativas de un país o una región. Cuando esto ocurre, un gran número de habitantes de esa nación se ven afectados en diversos niveles por dicha religión, independientemente de su propia fe o cultura. El lenguaje de la moralidad y las formas de relacionamiento social en este contexto se basan en los principios morales y religiosos hegemónicos.

> Para acercarnos al tema de la Violencia Espiritual y el Abuso Religioso, tenemos que comenzar por hablar de las condiciones históricas sociales y culturales que hicieron posibles estas formas de violencia.

De esta forma, la Hegemonía Cristiana, consiste en el predominio del cristianismo cultural sobre otras religiones, debido a la gran concentración de personas que practican la misma tradición religiosa, fruto de la colonización efectuada por las potencias europeas y su proceso de cristianización de los pueblos conquistados. Esta imposición de lo religioso, fue incidiendo en todas las capas sociales que, hasta nuestros días, suelen marcar los ritmos de la vida social, estableciendo días sagrados, festividades regionales, así como otros rituales, como vacaciones compartidas, Navidad y Semana Santa, o ritos de paso como el bautismo, el matrimonio y la primera comunión, entre otros.

> La Supremacía Cristiana no es "el cristianismo"; sino, más bien, una malformación y utilización de la religión, convirtiéndola en arma para normalizar y jerarquizar ciertos valores, configurando un sistema de dominación y exclusión, que daña a los grupos más débiles o minoritarios.

Esto nos lleva al concepto de la Supremacía Cristiana, relacionado con la Hegemonía Cristiana, pero con impactos mucho más amplios y maliciosos. Podemos describir la Supremacía Cristiana como la relación parasitaria que se establece cuando ciertas corrientes del cristianismo son puestas al servicio de los sistemas de poder y dominación. Se utiliza la cultura, los imaginarios y textos sagrados del cristianismo para moralizar y legitimar medidas violentas y opresoras de instituciones, gobiernos, individuos y grupos de poder.

> La ideología de la Supremacía Cristiana, muchas veces contorsiona la fe y manipula los textos sagrados para mantener su control.

La Supremacía Cristiana no es "el cristianismo"; sino, más bien, una malformación y utilización de la religión, convirtiéndola en arma para normalizar y jerarquizar ciertos valores, configurando un sistema de dominación y exclusión, que daña a los grupos más débiles o minoritarios. Casi cualquier aspecto de la religión se puede utilizar para servir a sistemas opresores como el patriarcado, el imperialismo, el capitalismo y la xenofobia. Las interpretaciones fundamentalistas o malintencionadas de la Biblia y de las tradiciones cristianas continúan de esta manera, promoviendo la deshumanización y la exclusión de personas trans, familias sexualmente diversas, trabajadoras sexuales, inmigrantes, indígenas y afrodescendientes, las mujeres y les niñes, entre otres.

La Supremacía Cristiana se comporta, en muchos niveles, como una ideología; suele tener un patrón de ideas cerrado al diálogo y a la diferencia, buscar adeptos, generar segregación entre sus seguidores y contradictores e impedir a los primeros cuestionar o desarrollar sus propias formas de ver el mundo fuera de ella. De esta manera la Ideología de la Supremacía Cristiana, muchas veces contorsiona la fe y manipula los textos sagrados para mantener su control. Se manipula el lenguaje y la cultura del cristianismo, y se echa mano de frases como "la Biblia dice…" para posicionarse sobre aspectos que la Biblia no trata, con el fin de mantener el statu quo —"las cosas cómo están"— validando las decisiones políticas y el accionar de los sistemas violentos, legitimando la exclusión, así como la distribución desigual de los recursos naturales y de acceso a las necesidades básicas.

Comúnmente, la exclusión de personas no sucede de golpe y abiertamente. Más bien, se presenta en maneras sutiles, lentas, e ideológicamente confusas. Una de las maneras que esto ocurre es cuando se limita el espacio para dialogar de lo vasto y complejo que son nuestras experiencias en contraste a las doctrinas de fe o rigidez de expectativas religiosas. Por ejemplo, el caso de Mariela:

MARIELA

Mariela ha sufrido mucho los últimos años. Muchas madres viven bajo la presión para mantener a sus familias debidamente con pocos recursos económicos y Mariela no es la excepción. En su esfuerzo por mantener sola a sus hijos en medio de malas condiciones laborales, a menudo se siente agotada y cansada.

Cuando estaba esperando su tercer hijo, la vida le sorprendió con la noticia de que este nacería con parálisis cerebral. Mariela, criada desde su niñez en las enseñanzas y prácticas de diferentes iglesias evangélicas, acogió la noticia y recibió a su hijo con el mismo amor que a sus hijos mayores.

Desde que recibió la noticia, algunas personas de su iglesia se le acercaron para decirle que Dios la había bendecido con un ángel y que debía estar agradecida por esta oportunidad de servirle. Sin embargo, cuando en algunos momentos expresaba a su comunidad sus luchas diarias y lo cansada que estaba, fue criticada por su falta de fe y confianza en Dios, quien "tiene todo bajo control". Estas reacciones obligaron a Mariela a permanecer callada, a pesar de que su cuerpo y alma se sentían abrumados todos los días.

Los problemas económicos obligaron a Mariela a trasladarse a otra provincia, en donde comenzó a trabajar en una casa de familia. Su patrona, que era también cristiana, no tardó en invitarla a su congregación.

Al llegar, se impresionó por el lujo del lugar: el despliegue de música y efectos de luces. Era muy distinto a las pequeñas iglesias a las que antes había asistido. Al iniciar el servicio, el pastor, al que llamaban apóstol, fue recibido con aplausos y euforia. Durante el sermón Mariela estuvo muy atenta a sus palabras. "Dios nos quiere sanos!" Es la primera frase del sermón que le impactó "La enfermedad no viene de Dios". El corazón de Mariela se estremecía y se preguntaba sobre lo que había creído toda su vida: "Que Dios bendecía sus sacrificios y recompensa a todos aquellos que sufren con humildad" Y ¿Qué tal si este hombre tenía razón? ¿La fe podría darle la posibilidad de no sufrir tanto en esta vida?

"Si quieres ver la mano de Dios actuar en tu sanidad, tienes que demostrarle que estás comprometido con él". Mariela en el silencio de su corazón se contestó: "Desde niña he sido obediente a Dios y él sabe que estoy dispuesta a cualquier cosa por ver sano a mi hijo". "¿Cuánto estás dispuesto a darle a Dios para recibir de él un milagro? "Daría mi vida" respondió Mariela en su corazón. "El Señor quiere hoy ver tu compromiso de forma concreta... Dios quiere que bendigas con tus dones este lugar para que Él pueda bendecirte.", dijo, mientras el coro comenzó a cantar y algunas personas con canastas comenzaron a caminar entre los asistentes, quienes entre cantos y gritos, se acercaban depositando en aquellas canastas joyas, billetes y objetos de valor.

Mariela quedó desconcertada: ¿Cómo puedo demostrarle a Dios que estoy comprometida con él si no tengo dinero? ¿Cómo es en realidad Dios? ¿Para qué necesita dinero? Si la enfermedad no vino de Él, ¿fue acaso un castigo? ¿Y si no tengo dinero, no soy bendecida de Dios? Quiso salir corriendo, abandonar aquel lugar, pero ¿a dónde iría? En su corazón resonaba el texto bíblico recitado cada semana por su abuela: "No dejéis de congregaros, como algunos tienen por costumbre, sino exhortaos unos a otros, y mucho más al ver que se acerca el día del Señor".

Aquella noche Mariela regresó a casa con muchas dudas. Se sentía sola y confundida. Mientras alimentaba a su hijo postrado en la cama, recordaba unas palabras de la Biblia que en ese momento saltaron a su mente: "Bienaventurados los que lloran... bienaventurado los pobres." Suspiró profundo y lloró en silencio, susurrando una oración, hasta ser vencida por el sueño.

En muchos países históricamente cristianos, el cristianismo fundamentalista se ha convertido en la norma no solo por el número de personas que practican la religión, sino porque es puesta al servicio de las instancias de poder; sostiene y refuerza las desigualdades históricas, los sistemas de castas raciales y económicas, impuestas por las naciones cristianas europeas durante la conquista y la colonización.

Estas formas coloniales dan prioridad al poder sobre todo lo demás. Cooptan el lenguaje religioso, las tradiciones, e infraestructuras basadas en la fe para reflejar algo parecido al cristianismo, pero que, definitivamente, dista mucho de los valores esenciales de la espiritualidad cristiana. El enfoque principal de la Supremacía Cristiana no tiene que ver con las expresiones auténticas de fe y la conexión personal o comunitaria con Dios; por el contrario, busca consolidar el control a fin de mantener los privilegios de quienes están en el poder.

> El enfoque principal de la Supremacía Cristiana no tiene que ver con las expresiones auténticas de fe y la conexión personal o comunitaria con Dios; por el contrario, busca consolidar el control a fin de mantener los privilegios de quienes están en el poder.

A menudo, son los Estados los que proporcionan la infraestructura política para la imposición de la Supremacía Cristiana, sobre la ciudadanía, mediante el establecimiento de leyes, mientras las iglesias institucionales proporcionan la justificación moral para dichas imposiciones. Esta es la naturaleza de la relación parasitaria entre los sistemas de dominación y el cristianismo soportado en la Supremacía Cristiana. Desde esta alianza entre lo religioso y las estructuras de poder, se orquestan formas de violencia, ya sea de manera directa a través de sus representantes o líderes religiosos, o de forma indirecta, a través de simpatizantes o aliados: líderes políticos, militares y sociales que hablan a nombre de o están avalados por diversos frentes religiosos.

Los privilegios que ostentan, constituyen una representación de poder otorgado por fuerzas cósmicas o divinas. No se trata de una concesión de poder resultante de una votación democrática o por acumulación de méritos. Hablamos de un privilegio impuesto por "lo divino", y de modo que estos jerarcas: curas, sacerdotes, pastores, presidentes, dictadores, diputados o candidatos políticos, son elevados a una condición similar a la de una semideidad, con atribuciones casi sobrenaturales y de privilegio que este nombramiento les concede que los hace intocables e incuestionables.

Cuando las interpretaciones más predominantes de la doctrina cristiana y las escrituras, perpetúan el daño y la violencia contra las personas marginadas, es comprensible que algunas personas se alejen o se vuelvan hostiles hacia el cristianismo, en general, viéndolo como enemigo de las luchas por los derechos humanos. Sin embargo, es la que utiliza el cristianismo haciéndolo parecer monolítico y violento.

Hay, de hecho, muchos cristianismos: cada uno con sus propias interpretaciones de la Biblia e imperativos morales. Existen numerosas formas de practicar un cristianismo orientado hacia la justicia, la inclusión y la vida abundante; corrientes del Cristianismo que inspiradas en lecturas liberadoras de la Biblia y de la historia, propugnan por experiencias de iglesias inclusivas, igualitarias y comprometidas con los derechos humanos y el cuidado de la vida. Sin embargo, debido a que la Supremacía Cristiana ha sido tan generalizada, es necesario contar con análisis precisos de los sistemas de poder en juego, así como con la valentía ética y espiritual para denunciar y contrarrestar los efectos de cualquier teología o interpretación de los escritos sagrados que se usan para dominar y causar daño físico o espiritual.

> Cuando las interpretaciones más predominantes de la doctrina cristiana y las escrituras, perpetúan el daño y la violencia contra las personas marginadas, es comprensible que algunas personas se alejen o se vuelvan hostiles hacia el cristianismo.

PAUSA Y ANALIZA

Así como cualquier aspecto de la religión se puede utilizar para servir a sistemas opresores, también existen numerosas formas de practicar una religión orientada hacia la vida abundante. En la Supremacía Cristiana, el peligro en sí mismo no está en la Biblia, la profesión de fe, o las doctrinas cristianas, si no cuando estas son puestas al servicio de sistemas de poder y dominación que otorgan y reservan privilegios para unos y despojan a otros sistemáticamente. Es importante hacer un análisis de poder en las teologías o las interpretaciones de escritos sagrados. Consideremos, por ejemplo: ¿Hacia dónde se mueve la balanza del poder con "x" teología?, ¿Quienes se benefician con los planteamientos de dicha teología o dicha interpretación? y ¿Cuáles voces y experiencias no son representadas en ella?

Orígenes de la Supremacía Cristiana en América

La Supremacía Cristiana no es un fenómeno nuevo. Sus formas llegaron al continente americano, con la conquista europea del siglo XV. Las tácticas de colonización, las campañas misioneras, la esclavitud y el genocidio contra los pueblos indígenas y afrodescendientes, están profundamente intrincados con las dinámicas de la Supremacía Cristiana. Esta complicidad entre poderes políticos e iglesia cristiana nunca fue tan evidente en la historia, como en las estrechas relaciones entre el Papado y los estados católicos de la Europa de finales del siglo XV, evidenciadas, por ejemplo, en las bulas emitidas por el Papa Alejandro VI en 1493; documentos en los que entrega en posesión las tierras conquistadas a los reinos europeos, otorgándoles poder para colonizar, convertir, esclavizar y explotarlas comercialmente.

> La Supremacía Cristiana no es un fenómeno nuevo.

En estas bulas Alejandrinas, el Papa, como representante de Dios, "Dueño del mundo", designa las tierras "descubiertas" bajo el reino y control de la Corona Española, "incluyendo poder absoluto sobre sus habitantes, posesiones, y recursos". ¿Cuál era el propósito oficial de la iglesia para este proyecto de conquista y colonización? La medida buscaba expandir la fe cristiana y convertir nuevas poblaciones, para lo cual se obligaba el envío de misioneros en los viajes de conquista. De este modo que la iglesia crecía en su poder político y económico mediante el sistema de diezmos y los recursos naturales y humanos eran explotados de forma inmisericorde por el imperio: la religión, a su vez, fue usada como base moral para justificar el tráfico transatlántico de esclavos de África y el sometimiento de las comunidades indígenas.

Bajo esta convicción, en nombre de Dios, se orquestó la invasión de estas tierras ya habitadas y poseedoras de una rica conformación social, cultural, económica y religiosa propia, comenzando una pesadilla sin nombre para sus habitantes, quienes debieron enfrentar el genocidio de sus poblaciones y el desmantelamiento sistemático de sus creencias, culturas y formas de vida. Les fue arrebatada la agencia de su libertad para ser sometidos a condiciones esclavizantes y perder de forma permanente la posibilidad de decidir sobre sus tierras, sus vidas, sus cuerpos, sus hijos e hijas. Fueron forzados, sin más opción que la muerte y el horror, a renunciar a la expresión libre de sus espiritualidades y sabiduría para aceptar la imposición del destino de ser "cristianizados".

De forma abierta y como lo más natural, cada intervención militar estaba precedida de la demanda de adoptar la nueva religión, el cristianismo, impuesto a nombre y bajo la aprobación de la Iglesia católica de Roma. El despojo de la dignidad fue constante y sostenido, tratando sin ninguna humanidad a las poblaciones originarias y traficando con seres humanos de diversos lugares del mundo usándolas como esclavas factibles de ser explotadas y desechadas. Todo esto facilitó la consolidación de este poder por la fuerza, sin enfrentar ningún juicio en su momento al considerar los argumentos religiosos moralmente superiores para justificar en nombre divino todas estas formas de violencia.

Este proceso marcó de forma permanente la identidad Latinoamericana, instaurando una asociación inseparable de las prácticas políticas, sociales y económicas de dominación con las creencias religiosas cristianas, impuestas por los conquistadores, en nuestras tierras. A nivel cultural y familiar, estos lazos se resumen en una serie de expectativas de lo correcto e incorrecto, lo que se entiende por deseable y digno en temas de moral y espiritualidad, desde categorías impuestas hace ya más de 500 años.

Fe en resistencia

Cuando repasamos una historia, cualquier historia, con suficiente atención, nos damos cuenta que siempre en lugar de una sola historia hay muchas y variables historias, sucediéndose al mismo tiempo. Algunas con protagonistas más visibles y numerosos, y otras con protagonistas silenciadas y anónimas, o incluso borradas de la memoria.

Así, en medio de esta historia de imposición de la Supremacía Cristiana, existieron en América, otros hilos sutiles de un cristianismo vivo, liberador y cuidador de la vida. Misioneros y misioneras que abogaron y dieron su vida en defensa de los pobladores originarios y personas que si bien fueron hijas e hijos de la colonización, lograron desafiar la historia, proponiendo la liberación de sus formas de fe, mediante una fuerte postura de resistencia de fe, esperanza y lucha.

Es así como en nuestros tiempos, encontramos pequeños núcleos de cristianismos osados: pastores y pastoras, religiosas o activistas cristianes de diversas denominaciones que se unieron a la lucha por los derechos civiles de les afrodescendientes, o quienes encontraron en el núcleo de su fe cristiana, la motivación para abrir las puertas de sus iglesias y comunidades en la defensa de los derechos de las poblaciones sexualmente diversas, emprendiendo ministerios inclusivos en los que personas lesbianas, gays, bisexuales y transexuales tuviesen acceso tanto a la vida eclesial como al ejercicio ministerial, promoviendo la igualdad de género y ordenando mujeres en cargos ministeriales.

> A pesar de la historia de colonización cristiana y de la realidad perdurable del cristianismo colonial, son muchas las historias de expresiones de una fe cristiana que lejos de ponerse al servicio de las estructuras injustas, se ha puesto de lado de aquelles más débiles y vulnerables.

A pesar de la historia de colonización cristiana y de la realidad perdurable del cristianismo colonial, son muchas las historias de expresiones de una fe cristiana que lejos de ponerse al servicio de las estructuras injustas, se ha puesto de lado de aquelles más débiles y vulnerables: las personas y colectividades heridas y excluidas por la Supremacía Cristiana. Iglesias inclusivas, o movimientos alternativos al interior de las iglesias tradicionales, asumen la bandera del Evangelio en las situaciones más extremas: acompañando a familias víctimas de violencia estatal, apostando por el futuro de jóvenes pandilleres en los suburbios de las ciudades, o educando a las niñas en la defensa y el ejercicio de sus derechos sexuales y reproductivos, teólogas feministas trabajando por el respeto al cuerpo de las mujeres y el cuerpo vivo de la madre tierra, y grupos que trabajan por la inclusión y los derechos de la población LGBTQI en las iglesias y en la sociedad.

CONECTA CON TU CUERPO

No es difícil rastrear las huellas de la Supremacía Cristiana hasta nuestros cuerpos; descifrar en ellos los mandatos de cómo movernos, cómo sentarnos, cómo vestirnos o cómo relacionarnos con otros, con sus mensajes permanentes y silenciosos. Y si bien no siempre podremos incidir de forma contundente en las huellas históricas de esta supremacía, sí que podemos comenzar a deconstruirla en los íntimos terrenos de nuestra propia corporalidad. Un ejercicio sencillo que podemos hacer cotidianamente, sea en grupo o de manera individual, es la práctica intercalada entre temblor y relajación:

Preferiblemente con una música suave de fondo, tiéndete en el piso boca arriba soltando conscientemente todo el peso de tu cuerpo mientras escuchas la música. Para mejorar la relajación puedes tensionar todo el cuerpo algunos segundos y relajarlo mientras sueltas el aire lentamente. Contactando el ritmo presente de tu respiración en todo el cuerpo, puedes comenzar a producir un temblor en tus pies, e irlo subiendo lentamente a las pantorrillas, los muslos, las caderas, la espalda, el tronco, los brazos, las manos, el cuello y la cabeza, intensificando el temblor mientras vas subiendo, para luego de unos segundos descansar un rato escuchando la música y soltando el peso del cuerpo en el piso.

Intercalar dos o tres veces unos instantes de temblor, con otros de quietud, ayudará a ir tomando consciencia de las memorias corporales al tiempo que nos permitirá soltar tensiones y regalarnos una sensación de calma y complicidad. Aunque es bastante relajante hacer este ejercicio acostadas, si no cuentas con espacio puedes también hacerlo de pie.

Descolonizar cuerpos, mentes y espíritus

Al igual que otras formas de violencia reconocidas en las últimas décadas como las violencias de género, la Violencia Espiritual necesita ser llamada como tal, tanto a nivel cultural como a nivel político y judicial. De acá que se requiera de un abordaje interdisciplinario y multisectorial donde puedan categorizarse todas las aristas de estas formas particulares de violencia con sus características e impactos. Hasta que no reconozcamos la violencia religiosa, no acopiaremos fuerza suficiente para lograr su erradicación.

Mantener viva la memoria es central para crear juntes procesos de liberación de esta historia que ha dejado tantas heridas en la vida de tantos pueblos, culturas, familias y personas. Olvidar la historia es una de las estrategias del poder colonizador para repetirla, mientras el conocerla y recordarla, no como hechos pasados que nada tienen que ver con nosotres, sino como la relectura de lo que nos ha construido como sociedad y por ende de lo que hoy somos y vivimos, nos permitirá comprender nuestras vivencias y sobre todo tener herramientas de interpretación y transformación. La liberación y la sanidad implican tener la capacidad de identificar las formas en las que los discursos religiosos o espirituales han sido utilizadados para favorecer el saqueo, la violación masiva, la exclusión, la manipulación de las consciencias y el enriquecimiento de los más poderosos. Cuando aceptemos que esto ocurrió y que ocurrió en forma atroz para sus víctimas, podremos entonces comenzar a reconocer sus legados de dolor e injusticia aún presentes entre nosotras y nosotros.

> Mantener viva la memoria es central para crear juntes, procesos de liberación de esta historia que ha dejado tantas heridas en la vida de tantos pueblos, culturas, familias y personas.

La sanación ocurrirá cuando sepamos reconocer la forma en que las prácticas de dominación de la conquista y la colonia siguen presentes y activas en nuestras dinámicas de relacionamiento a nivel macro y micro: sustentadas en patrones y estrategias de manipulación del sentimiento religioso y que, como nuevas generaciones, podemos y debemos, cuestionarlas y dar los pasos para transformarlas. Esto nos llevará a abrir los ojos para identificar la persistencia de estos vínculos desiguales en nuestras relaciones como naciones, por ejemplo el uso de etiquetas como: "países desarrollados" y "países subdesarrollados", en lugar de hablar de países saqueados o países saqueadores, o cuando las grandes corporaciones y bancos imponen sus condiciones injusticias en los mal llamados "tratados de comercio libre".

Sanar implica sentir el dolor, dejar de negarlo para aceptarlo e integrarlo como parte de nuestra historia. El reconocernos herederas y herederos de dichos patrones en los que el blanco se considera mejor que el indígena, o el más fuerte actúa como si fuera su derecho natural aplastar al más débil; el atrevernos a hablar de ello en comunidad después de haberlo callado y reprimido durante tantos años, implica romper las dinámicas del silenciamiento y comenzar a dar pasos colectivos hacia la liberación. Acompañarnos unes a otres, reconociéndonos como parte de esta cadena de dominación y victimización nos dará hoy la oportunidad de elegir no serlo más.

> La sanación ocurrirá cuando sepamos reconocer la forma en que las prácticas de dominación de la conquista y la colonia siguen presentes y activas en nuestras dinámicas de relacionamiento.

A lo anterior se debe unir un trabajo incesante, desde y hacia la cultura misma, que representa un desafío claro y contundente a las formas de autoridad construida y fortalecida a través de los procesos de conquista y colonia. Se trata de decir "no más" a los señores, amos, pastores, curas, obispos; a todas las autoridades impuestas a precio de sangre y dominación, en sus formas presentes, que continúan reproduciendo estas violencias. "No más" a los discursos de padres, maestros, rectores de instituciones educativas, vecinos, conocidos o desconocidos que a partir de la Supremacía Cristiana se sienten con el derecho a juzgar, burlarse y descalificar a personas o grupos sociales no alineados a sus concepciones morales.

> La liberación exige de manera especial que pongamos al descubierto todas aquellas formas de teología y religiosidad que mantienen y promueven la Violencia Espiritual.

Estos esfuerzos de unidad para descolonizar nuestros cuerpos, mentes y espíritus no deben cesar, aun cuando estamos conscientes de que ello, en muchos casos, esto puede desatar críticas, persecución o más agresión contra quienes se atrevan a realizarlos por parte de quienes legitiman sus poderes o su seguridad en las prácticas dominadoras.

CONECTA CON TUS EMOCIONES

Reconocer que la Violencia Espiritual se perpetúa en espacios religiosos es un tema emocionalmente cargado, dado que entran en juego experiencias muy íntimas de nuestras vidas. Es normal que algunes de nosotres hayamos desarrollado sentimientos de hostilidad o resentimiento ante el cristianismo, o hayamos tomado distancia de los mundos religiosos. Otras, hemos optado por buscar los cambios desde dentro de instituciones religiosas —no existe una respuesta debida o indebida— todo es parte de un largo proceso en donde se vale cambiar de posición una y otra vez hasta encontrar lo que más de sentido a nuestra vida. De cualquier manera llevamos en nuestros interior las huellas emocionales de estas decisiones. Toma un momento para contactar tus reacciones internas y comparte con el grupo tus caminos, tus decisiones y los sentimientos asociados a ellas.

(transición teológica/religiosa hacia Violencia Esp.)

La liberación exige de manera especial que pongamos al descubierto todas aquellas formas de teología y religiosidad que mantienen y promueven la Violencia Espiritual, evidenciar y transformar las políticas gubernamentales que se desprenden de ellas, así como los sistemas educativos usados para perpetuarlas. Es central señalarlas, ponerlas al descubierto y nombrar sus efectos en el tejido social. De la mano de esto, es clave la promoción de teologías liberadoras que impulsen el cambio hacia nuevas formas de vivir la espiritualidad.

Dar el paso y romper el silencio es una tarea difícil. Aprendimos a construir las posibilidades de nuestras vidas sobre estos libretos de silencio y sumisión, heredados a través de los discursos sociales y familiares, y tejidos de nuestra piel por las muchas formas de agresiones, amenazas y exclusiones experimentadas. Se debe tomar tiempo para vencer en lo interior el temor de cuestionar, ya sea en esa reunión familiar, de la iglesia, en el trabajo o las calles. Esto implica explorar las memorias y creencias asociadas alrededor de las consecuencias de levantar la propia voz y cuestionar.

Dichos temores no son superficiales. Hablamos del miedo a perder amistades, estatus, posiciones laborales, reconocimiento social o espacios de comunidad. Hablamos del temor a sentirse "la rara", el "traidor", los "rebeldes", las "locas", "revoltosas", "insujetas", la que "Dios ya no ama". Hablamos de esa sensación dolorosa de soledad y rechazo cuando personas que eran significativas nos desconocen y condenan; del temor de no sentirnos seguras caminando por la ciudad o cuando enfrentamos a un poder corporativo, político o religioso a través de una denuncia. Ese es el miedo que debemos vencer, levantándonos contra tantos siglos de represión y agresión.

Todas las pequeñas o grandes acciones de elevar la voz y cuestionar las violencias de la Supremacía Cristiana, se convertirán en la inspiración para que muchas y muchos otros decidan dar sus propios pasos hacia la libertad. Asistiremos así a conglomerados de voces dispuestas a cambiar las condiciones de vida, dispuestas a escucharse unas a otras para reflejarse y sostenerse tanto en el dolor como en la sanidad.

25

PREGUNTAS PARA DIALOGAR

Integración de conceptos

- ¿Qué características del colonialismo reconoces en los cristianismos fundamentalistas?

- Desde tu comprensión, ¿Cómo se relacionan la Hegemonía Religiosa, la Hegemonía Cristiana, y la Supremacía Cristiana? Da algunos ejemplos de cada una de ellas.

- Según tu experiencia ¿Qué impactos de la Supremacía Cristiana reconoces en tu vida espiritual?

Reflexión

- Los cristianismos fundamentalistas promueven y sostienen la Violencia Espiritual. ¿En qué maneras esto es observable?

- ¿Qué personas/personajes (figuras contemporáneas, históricas, o de ficción) son para ti rostros de la resistencia?

- ¿Cuáles son las características que los convierten en rostros de la resistencia?

❦ ¿Qué pasos de liberación estás dando o quieres dar en tu vida?

Análisis

❦ Enlista algunas de las condiciones históricas sociales y culturales que hicieron posible la Violencia Espiritual y Abuso Religioso.

❦ ¿Cuáles son los orígenes de la Supremacía Cristiana en América?

❦ ¿Cómo se relacionan los usos de la Biblia con el desarrollo de los cristianismos fundamentalistas y la Supremacía Cristiana?

❦ ¿En qué espacios puedes observar alianzas entre lo religioso y las estructuras de poder? ¿Cómo afectan a las personas estas alianzas en lo cotidiano?

Handwritten annotations:

Bridge: Ideological (w CS) to social/personal impact defined as Spiritual Violence.

(A). Who does it affect?
(B). How does it happen
 B1. Individual
 B2. Communal
 B3. sociopolitical

(C). The enforcement of sacred text/ Bible for Sp. Viol.
 C1. sacred spaces
 C2. gender/sexuality
 C3. everyday life

2: La Violencia Espiritual

undesired

Es frecuente que las personas se asombren al escuchar juntas las palabras violencia y espiritualidad o abuso y religión. Puede generar conflictividad pues son conceptos e imaginarios que suelen percibirse contradictorios y operan como tabú cultural que coloca lo religioso en un estandarte intocable, mientras coarta y censura a quienes cuestionan o preguntan, legitimando y protegiendo a quienes desde instancias de poder religioso y/o espiritual ejercen diversas formas de abuso o represión. Esta es, entonces, una de las razones por las que es urgente familiarizarnos con estos términos de "Violencia Espiritual", y "Abuso Religioso" de forma que podamos ofrecer claridades en torno al tema y brindar herramientas de interpretación y estrategias de protección ante estas afectaciones que pueden presentarse en cualquier dimensión de la vida.

> La Violencia Espiritual tiene lugar cada vez que el lenguaje sobre Dios o el moralismo religioso, causa daño —con o sin intención— al valor sagrado o la dignidad íntima de una persona o grupo.

Para comenzar, nos acercamos primeramente a la comprensión de la Violencia Espiritual. Esta puede entenderse como el daño emocional, psicológico y espiritual causado por ideologías religiosas y sociales que niegan la autenticidad y el valor sagrado de la persona a partir de la Supremacía Cristiana. La Violencia Espiritual tiene lugar cada vez que el lenguaje sobre Dios o el moralismo religioso, causa daño —con o sin intención— al valor sagrado o la dignidad íntima de una persona o grupo. Puede ser algo tan pequeño como un comentario negativo, una burla desprevenida, o tan grave como los crímenes de odio, un femicidio, o la marginalización y la violencia sistémica hacia grupos enteros por sus diversas identidades.

(A) WHO DOES IT AFFECT?

La Violencia Espiritual puede ser ejercida por cualquier persona, incluso personas muy cercanas a nosotres y en cualquier contexto social. A nivel interpersonal, por ejemplo, puede manifestarse cuando una persona en la calle o lugares públicos, grita, juzga o ataca el carácter de otra persona por su ropa, sus ademanes o la expresión de su sexualidad. Muchas veces, las personas cercanas pueden creer que sus "consejos", "críticas" o "llamados de atención" son por nuestro bien y "lo hacen porque nos aman". En estos casos, es probable que la persona que ejerce la Violencia Espiritual esté repitiendo los mismos mensajes y creencias que ha escuchado una y otra vez, y que la gran mayoría vienen de la Supremacía Cristiana.

> La Violencia Espiritual puede ser ejercida por cualquier persona, incluso personas muy cercanas a nosotres y en cualquier contexto social.

(B) HOW DOES IT HAPPEN (individual)

A nivel individual, con frecuencia, hemos internalizado mensajes de la Supremacía Cristiana, que nos acostumbraron a ver como obvio y natural, creer que hay personas malas, inferiores, o merecedores de discriminación y/o violencia. Incluso, muchas veces, en nuestros contextos perpetuamos y reproducimos la violencia a otros y a nosotres mismes hasta la autoexclusión, la autolesión o el suicidio. Aunque el desconocimiento no es excusa para permitir la Violencia Espiritual, en la medida en que contemos con más información podremos desarrollar mejores estrategias para contrarrestar esta violencia, transformando las tendencias a internalizar y replicar estos mensajes dañinos como verdades, cuando no lo son.

La historia de Yelena puede ejemplificarnos algunas de estas vivencias:

YELENA

Yelena es una joven negra, afrodescendiente, bisnieta del cimarronaje y nacida en medio de la crisis económica de la década del 90 del siglo XX en Cuba. Aprendió música en una pequeña congregación en la ciudad de Morón, provincia de Ciego de Ávila, al mismo tiempo que descubrió a Jesús desde su rebeldía, en el seno de la Iglesia cristiana a la que pertenecía su familia.

La mayoría de las Iglesias en Cuba tienen como herencia el legado de misioneros norteamericanos: hombres blancos y heterosexuales, acompañados por lo general por sus familias: una esposa sumisa y dedicada al hogar y al cuidado de su esposo y sus hijos, obedientes y frecuentemente temerosos de saltar las reglas. De este modo, al interior de las iglesias se reconocen como legítimas las membresías de personas cisgéneros, patriarcales y coloniales.

Alguna vez, siendo apenas una niña de 7 años en medio de un apagón y alrededor de unas velas encendidas sobre la mesita de centro, la familia elevó su oración. Carla, la hermana mayor de Yelena de unos 18 años, en broma oró a dios, diciendo: "Señor, una sola cosa te pido. No ser negra ni tortillera". Broma que traía bajo las risas, profundas cargas de violencia y exclusión que ya Carla y Yelena, a su corta edad conocían.

Aquellas risas, revolotearían años después en la cabeza de Yelena, quien al cumplir 14 años descubrió que se había enamorado de una mujer: Cindy, su amiga de colegio, su compañera de juegos, de barrio y de escuela dominical, con quien disfrutaba pasar las horas y con quien comenzó su primer noviazgo. Este sin embargo duró bien poco, pues el padre de aquella niña "blanca" le prohibió su amistad con aquella chica negra: "No soy racista," le dijo, "podemos tener amigos negros pero de lejos".

Estas violencias, sesgos y exclusiones se siguieron repitiendo en el seno de una familia y de una Iglesia que predicaba el amor pero no entendía las tantas maneras de amor que existen; y luego en el colegio, la universidad, y los entornos laborales, lapidando su alma y su dignidad, hasta el día en que decidió escucharse a si misma, y levantar con orgullo su rostro negro, amar su cuerpo voluptuoso y el pelo afro que coronaba su cabeza como símbolo de la madre África que habitaba en ella.

Yelena vive ahora con orgullo de su raza y su orientación sexual, y aunque aún continúa explorando espacios para vivir su espiritualidad, se pregunta: ¿Cómo puede la fe en ese Jesús blanco, cisgénero y colonial que se enseña en las iglesias, ser relevante, liberador y empoderante para una mujer latina, negra, lesbiana y decolonial? ¿Puede esta fe blanca, adultocéntrica y heteronormativa, algo que ofrecer a las búsquedas de tantes niñes y jóvenes diverses para construir sentidos espirituales y experimentar sus vidas plenamente en mundos donde todes tengan lugar?

(B2)
HOW DOES IT HAPPEN (Kommunal)

A nivel familiar y comunitario, la Violencia Espiritual aparece mucho en la forma de intimidación, castigo, y amenaza a la expulsión. En nombre del amor y los valores familiares o comunitarios, las personas con menos poder: mujeres, niñas, niños o adolescentes, son forzadas a ceñirse a las normas establecidas, obligándoles a dejar de ser lo que no son y negándoles la expresión y exploración de sus propias identidades y anhelos. El mensaje velado o evidente es: "para pertenecer debes renunciar a tu diferencia".

CONECTA CON TUS EMOCIONES

La Violencia Espiritual existe y es observable en todas partes. Cuando nos impacta, directa o indirectamente, nuestras emociones pueden subir a la superficie de maneras inesperadas. Toma un momento de autorreflexión para nombrar las emociones que surgen al recordar tus experiencias. ¿Cuáles son estas emociones? ¿Qué eventos las informan? ¿Cómo se ubican estas memorias o emociones en tu cuerpo?

[B3 — How does it happen (socio-political)]

La Violencia Espiritual, del mismo modo, trasciende el nivel individual o interpersonal y escala a niveles sociales, incidiendo en la organización social, la legislación, y la violencia y discriminación estructural. Argumentos religiosos basados en la Supremacía Cristiana son utilizados como base facultativa para la redacción de leyes injustas y la regulación de conductas sociales. A nivel estructural, organismos y grupos de poder se sienten en la potestad de hacer uso de fuerzas militares y policiacas como mecanismos de represión y castigo a quienes no se someten a sus imposiciones.

Para comprender las dinámicas de esta violencia es importante identificar algunas de sus expresiones y sus formas de operar en nuestras sociedades. Entre ellas: la forma como es utilizada y manipulada la Biblia en la imposición de la heteronormatividad y las hegemonías de corte patriarcal. A partir de aquí podremos comprender el porqué de la enorme relación entre la violencia espiritual y las violencias de género, y las formas sutiles como estas expresiones de violencia se cuelan hasta las esferas más íntimas de la vida y la cotidianidad.

[How is it enforced: (C1) in sacred spaces, (C2) gender/sexuality, (C3) everyday life]

El uso de la Biblia en la Violencia Espiritual

El uso de la Biblia en los contextos de Hegemonía Cristiana es central y determinante para el ejercicio de la Violencia Espiritual y el Abuso Religioso. Si bien lo que conocemos como "Biblia" es una recopilación de textos antiguos de corte sagrado y de sabiduría espiritual, escritos en una época y para una cultura particular, como lo son los pueblos del medio oriente; estos textos son sacados de su contexto, adaptados en traducciones e interpretaciones erróneas, y utilizados, como una forma de legitimar ciertas posturas o prueba de que las palabras o acciones de un grupo o una persona son respaldadas por Dios, de forma que no pueden ser cuestionadas o refutadas.

Teniendo la Biblia tantas posibilidades de temas a explorar, no es casual que los que terminan siendo recurrentes sean aquellos cuya interpretación es orientada hacia el pecado, la culpa, el sacrificio, el sufrimiento como algo sagrado o la promesa del cielo como premio o el infierno como lugar de castigo. Muchas veces las personas ni se cuestionan si en realidad en la Biblia se enseña esto, aceptando sin indagar y repitiendo sin fundamento, los discursos de sus líderes.

De esa forma, muchas mentiras y malas interpretaciones de la ideología de la Supremacía Cristiana se han repetido tantas veces que han llegado a configurarse como sentidos comunes en la mayoría de las sociedades cristianas, particularmente aquellas que recibieron su cristianismo de una forma coercitiva dentro de un proyecto de conquista y colonización violento. Por otro lado, algunos creyentes desean ir más allá y se preguntan cuáles son las reales enseñanzas o intencionalidades originales de los textos. Esta es una pregunta muy válida y que podemos responder al conocer las estrategias y métodos de interpretación empleados.

PAUSA Y ANALIZA

Presta atención a la manera en que se usa la Biblia en contextos cercanos a ti. Recuerda las diversas interpretaciones que quizá has escuchado de un mismo texto y analiza cómo el texto se puede interpretar de mil formas, y muchas veces las interpretaciones hablan más de las intenciones de quien la explica que del texto mismo. Entonces, presta atención cuando un texto sagrado es utilizado para castigar, condenar y controlar en vez de acoger, liberar, y sanar. Es posible que el texto esté siendo manipulado para tales fines.

Violencia de Género e imposición de la heteronormatividad

La Violencia Espiritual comparte múltiples dimensiones con la violencia de género y contra la diversidad sexual. No es una novedad que los sistemas patriarcales encuentran mucho de su material base en las interpretaciones de textos sacados de la Biblia. Es una práctica difundida de manera amplia en la cultura, el tomar lo que "la Biblia dice", incluyendo, muchas veces, material de tradiciones cristianas que no están en la Biblia, dándoles un carácter de universalidad y englobando lo que se concibe como natural o biológicamente establecido por Dios.

A raíz de esta creencia, es característico de la Violencia Espiritual y el Abuso Religioso que se enfatice en la inferioridad y subordinación de las mujeres respecto de los hombres, propia de las culturas patriarcales del mediterráneo que escribieron los textos bíblicos, justificando su sometimiento como algo divinamente diseñado. En estas ideologías, el cuerpo y la sexualidad deben ser controlados por lo que es no es de extrañar que se satanice cualquier forma de sexualidad que no sea heterosexual, monógama, o que no tenga su sentido dentro de la institución matrimonial con fines reproductivos. De ahí que cualquier forma de manifestación de vínculos afectivo-sexuales que no cumplan con estos requisitos, será objeto de constante ataque y discriminación.

> La Violencia Espiritual comparte múltiples dimensiones con la violencia de género y contra la diversidad sexual.

El campo del cuerpo es sumamente amplio e históricamente, zona de disputa por el control social. Una de estas formas de control es la censura del placer lo cual afecta cualquier manifestación de la sexualidad como gozo o disfrute compartido. Eso explica por qué existen tantas reglas de origen religioso que censuran el placer sexual en acciones como el masturbarse, mantener relaciones sexuales entre personas solteras, divorciadas o del mismo sexo, las expresiones poliamorosas, la exploración de diferentes zonas erógenas, el uso de juguetes sexuales, entre otras.

CONECTA CON TU CUERPO

Reconocer las huellas de dolor que la Violencia Espiritual ha dejado en nuestros cuerpos, no es fácil: muchas veces viene acompañado de sorpresa, dolor, rabia o impotencia. Más, al mismo tiempo, a medida que regresamos una y otra vez al cuerpo ofreciendo oportunidades de cuidado y sanación contactaremos con las fuerzas propias para reconectar con nuestra fuerza y nuestra esperanza.

Las imágenes de la naturaleza suelen ser de mucha riqueza. Hoy trabajaremos con la metáfora del árbol.

Con música suave de fondo, de ser posible, colócate de pie, con los pies paralelos a los hombros, y las rodillas ligeramente dobladas. Tomas conciencia de todo tu cuerpo desde los pies hasta la coronilla y observas el ritmo natural presente de tu respiración en todo tu cuerpo mientras cierras suavemente los ojos. Mientras visualizas tu cuerpo como un árbol, bajas lentamente con tu atención hasta las plantas de tus pies sintiendo el contacto de cada pie con el piso, e imaginas como desde tus pies e incluso desde tus caderas comienzan a salir raíces que te anclan vigorosamente, en el suelo y que al mismo tiempo te sirven para tomar alimento de la tierra. Con tu respiración puedes profundizar en esta sensación, tomando el aire por las raíces o las plantas de tus pies, como si tomaras nutrientes de la tierra y al botar el aire, también hacia las raíces, intentas fortalecerlas y hacerlas crecer.

Luego puedes subir con tu atención a las piernas, a la cadera y al tronco imaginando que es el tronco del árbol. Puedes tomar consciencia de que tan ancho y fuerte se encuentra, e igualmente con la respiración pueden ayudarte a crear un tronco consistente, flexible y lleno de vida. Tomando el aire por la raíz, como tomando nutrientes de la tierra y llevándolo al tronco dándole a este las características que más bienestar te regalen: mayor grosor, fortaleza, flexibilidad, humedad, etc

Finalmente con tu atención en tu pecho y espalda, puedes sentir las ramas y hojas que conforman la corona del árbol y que puedes percibir desde tu ombligo o tus costillas. Al percibir la corona puedes notar si esta tiene suficientes ramas y hojas o incluso flores y frutos. Igualmente con la respiración pueden ayudarte a hacer más frondosa o nutrida tu corona tomando aire por la raíz y llevándolo luego a las zonas que quieras mejorar.

Con el árbol completo puedes notar algunas heridas o cortes en las ramas del árbol, fruto de las tempestades, las sequías, o los visitantes indeseados, pero puedes ver cómo la sabiduría de la naturaleza ha ido sanando esas heridas. Igualmente puedes ofrecer a tu árbol una pequeña llovizna para refrescarse o una brisa suave para ayudar a liberar hojas secas o echar fuera algunos visitantes indeseados. Para esto también puedes ayudarte con un pequeño temblor como el que ya aprendimos.

Finalmente, si estás haciendo este ejercicio en grupo puedes sentir la presencia de los otros árboles a tu alrededor, o imaginarlos. Puedes nutrirte de la complicidad y calidez del bosque, sentir la sombra de los árboles más grandes y el cobijo que tu árbol da a los más pequeños. Puedes sentir la red de comunicación que se establece entre las raíces creando un nido suave y seguro y reconocer que no estás sola y que la fuerza del bosque te acompaña dondequiera que vayas.

Con tus manos en el corazón puedes terminar este ejercicio con algunas respiraciones profundas que te ayuden a integrar la sensación de protección y solidaridad. Y cada vez que lo necesites puedes volver a tu árbol para fortalecerlo y encontrar refugio y descanso en él.

La Violencia Espiritual de cada día

Como ya lo hemos visto al inicio de este material, hablar en general de lo religioso o espiritual es un tabú, complejo y sin delimitaciones claras. Muchas de las dinámicas violentas que se presentan en este ámbito, están integradas a la cultura y la sociedad como algo "natural". Son situaciones que vemos frecuentemente y aunque podamos sentir un rechazo interno ante ellas, las percibimos como situaciones ya establecidas y sobre las cuales al parecer no podemos incidir. Esto hace que se torne confuso para las personas que las experimentan, encontrando difícil nombrar como violentas las situaciones de las que han sido víctimas; tal y como sucede en muchas otras formas de agresión cultivadas por diferentes modelos culturales, econó-micos y políticos.

> La Violencia Espiritual normalmente se encuentra camuflada o entretejida en las prácticas cotidianas de nuestras sociedades.

Por esto, la Violencia Espiritual normalmente se encuentra camuflada o entretejida en las prácticas cotidianas de nuestras sociedades. Se ejerce en cualquier ámbito o situación en la que una persona o grupo de personas, usan interpretaciones, doctrinas o enseñanzas de índole espiritual o religioso, y se erigen como superiores por sobre otras formas de entendimiento moral. En ese sentido, quien hace uso de estos argumentos, ya sea un gobierno, una institución, un grupo o una persona, se siente facultada y autorizada a emitir juicios de valor sobre otras personas o situaciones sociales y culturales.

Podría pensarse que la Violencia Espiritual golpea solamente a quienes profesan alguna religión o credo y no a aquellas que se han distanciado de grupos religiosos. Sin embargo, al igual que los impactos económicos, físicos y emocionales dejados por la conquista y la colonia, la Violencia Espiritual tiene el potencial de agredir a cualquier persona al encontrarse dichas creencias, entretejidas en las personas y en las instituciones a través de la cultura.

Podemos decir que hemos sido blanco de la Violencia Espiritual cuando:

- Hemos creído ser malos o malas ante Dios, sencillamente por ser lo que somos.

- Aprendimos que sufrir es bueno o nos acerca más a lo divino.

- Hemos visto justificados abusos o violencias hacia nosotras en diversos contextos, responsabilizándonos por la forma de vestir o de comportarnos en lugares públicos, según dogmas de comportamiento femenino dictados por la religión.

- Permitimos maltratos, o hemos permanecido en relaciones violentas, o comportamientos de riesgo, por creer que no merecemos algo mejor.

- Hemos escondido o mentido sobre nuestra identidad por vergüenza o miedo de ser quienes somos, o pensar que nuestra vida es menos importante o de menor valor que otras.

- Hemos creído que ser LGBTQI es una cruz, por alejarnos de la religión/espiritualidad, por miedo del castigo, rechazo o exclusión de la familia, amigas, amigos o comunidad.

- Hemos considerado elegir el celibato por temor a vivir plenamente nuestra sexualidad como personas solteras, o creer que es pecado tener vínculos sexo-afectivos no heterosexuales y o fuera de la institución matrimonial.

- Hemos creído que por ser LGBTQI no tenemos el derecho a constituir una familia, tener hijas e hijos, adoptar o heredar a nuestras parejas, o bien, nuestros países no cuentan con la legislación que lo permita.

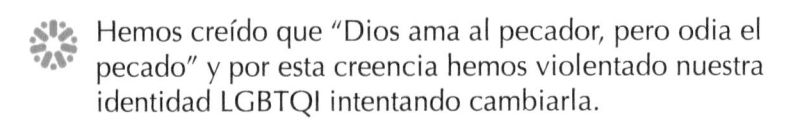

- Hemos creído que "Dios ama al pecador, pero odia el pecado" y por esta creencia hemos violentado nuestra identidad LGBTQI intentando cambiarla.

- Hemos escuchado día a día, comentarios, juicios de valor, bromas o chistes sobre nuestro género, identidad o sexualidad sin poder defendernos como mujeres o personas LGBTQI.

- Siendo niñas, niños o niñes hemos sido instruidas en permanecer calladas y dóciles, bajo preceptos religiosos como honrar a los padres, obedecer a los mayores, desconociendo nuestras voces y derechos incluso en momentos de abuso y/o vulneración de nuestro bienestar.

- Como adolescentes y jóvenes hemos sido tachadas de rebeldes y juzgadas como delincuentes bajo criterios moralistas, por estudiar en universidades públicas o sencillamente por manifestar nuestro ser y nuestros sueños.

- Hemos sido juzgadas como no dignas, indecentes o moralmente inaceptables por no cumplir con las expectativas de lo que una ideología religiosa entiende como bueno, desde sus intereses particulares.

- Cargamos culpa y menos precio por nuestro origen o nuestro pasado; por no representar los ideales de familia o persona exigidos por la Hegemonía Cristiana.

- Hemos pasado por "terapias de conversión", o participado en rituales donde se ruega a una deidad cambiar lo que somos, para adecuarnos a los patrones establecidos.

- Personas cercanas a nuestro trabajo, familia, vecindario o escuela, emiten comentarios, juicios de valor sobre nuestra dignidad basados en la Supremacía Cristiana. Por ejemplo:

alguien cercano comenta "Yo respeto que usted sea gay, aunque para Dios es pecado y eso no va a cambiar."

- Hemos integrado, consciente o inconscientemente a nuestra espiritualidad bases moralizantes; creencias que clasifican o hacen acepción de las personas catalogándolas como buenas o malas, dignas o indignas. Por ejemplo: Una mujer divorciada es una mujer de segundo orden, o una mujer que disfruta de su sexualidad sin ser casada no es digna.

- Hemos recibido, integrado o replicado afirmaciones moralistas bajo etiquetas como "la voluntad de Dios", "lo que Dios dice" o "lo que manda la Biblia", atacando la integridad de personas, negando su dignidad, sus derechos o su humanidad.

- En nuestra nación se han impuesto leyes usando como base interpretaciones morales de textos y tradiciones religiosas, imponiendo posturas religiosas sobre los derechos y la dignidad humana. Como cuando un gobernante se niega a aprobar las uniones del mismo sexo argumentando que la Biblia lo condena.

- Las fuerzas armadas o policiales han hecho uso de la fuerza para reprimir los activismos feministas, de la diversidad y los derechos humanos que se oponen a las imposiciones religiosas y que demandan un estado laico.

Sanando las heridas de la Violencia Espiritual

La Violencia Espiritual deja marcas profundas y dolorosas que representan un gran desafío para su sanidad, desde los niveles colectivos más macro, cómo son los impactos sociales y culturales, hasta los más íntimos y personales a nivel físico, emocional y espiritual.

Como comunidades de fe, podemos enfrentar este desafío con diversas acciones enfocadas tanto en el ámbito privado, personal y familiar como en los ámbitos sociales y comunitarios. Por ejemplo, es posible acompañar en deconstrucciones liberadoras de las identidades, en las relecturas liberadoras de las creencias con las que crecimos, así como en la sanidad de las heridas que hemos recibido o que lamentablemente hemos hecho a otras y otros.

Entre los primeros pasos hacia la sanación, quizá uno de los más importantes es la toma de conciencia de las formas de violencia que como individuos y comunidades hemos internalizado. Por ejemplo, nuestras expresiones, formas de comportamiento, mandatos y patrones de relacionamiento que se nos han impuesto y a su vez nos hemos impuesto unes a otros se pueden internalizar de forma violenta contra nosotres mismes y otres también.

Acciones para activar el proceso de sanación de la Violencia Espiritual

Al considerar las siguientes estrategias para activar el proceso de sanación, recuerda que estas son ideas para tomar acciones concretas que nos llevarán poco a poco a experimentar formas de recuperación y bienestar. Vivirlas en grupo nos fortalece y ayuda a reconocer que no estamos soles en el camino.

Observar nuestras repeticiones: Permanecer atentas a los mensajes que dentro de nosotres mismes y nuestras comunidades reproducen la Violencia Espiritual. El poder identificar y nombrar la Violencia Espiritual nos da la consciencia para no repetir el ciclo. ¿Cuáles son las actitudes que, aunque cuestionamos y repudiamos, seguimos repitiendo? ¿Qué pensamientos castigadores, autocensuras y agresiones repetimos de forma consciente o inconsciente, en nuestras familias, lugares de trabajo, iglesias, o centros educativos, deteriorando nuestras vidas y relaciones? ¿Qué nos mueve a repetirlas? ¿Podemos reconocer al fondo las voces de la Supremacía Cristiana conduciendo nuestras vidas?

Estudio y reflexión: Conocer la historia y comprender las formas como la Supremacía Cristiana ha actuado en complicidad con sistemas de dominación y colonización, nos permite entender mejor sus motivaciones y mecanismos de control e identificar cómo se manifiesta en nuestro día a día, a nivel personal, cultural, y/o político. El reconocer la Violencia Espiritual como una violencia real y concreta, basada en las ideologías de la Supremacía Cristiana, y la forma cómo estos modelos violentos se instalaron en nuestras tierras y cuerpos nos da la capacidad de buscar mecanismos para responder a ella, contrarrestar sus efectos y trabajar en su desmantelamiento.

Ampliar la Comunicación:

Encontrar otras personas que han experimentado la Violencia Espiritual, hablar/compartir experiencias, y apoyarse mutuamente, permite la creación de espacios protectores, para avanzar juntes en el proceso de sanación. Una estrategia de la Supremacía Cristiana ha sido el mandato del silencio como forma de reprimir las manifestaciones de malestar individual o colectivo, protegiendo así a los líderes abusadores. Relatar nuestra historia y escuchar las de otras, nos libera a quienes hemos pasado por experiencias similares. Rompamos el pacto de silencio con los abusadores y hagamos públicas nuestras historias de sobrevivencia.

Reflexionar y hacer Teología:

Otra de las estrategias de la Hegemonía Cristiana es el limitado acceso de las comunidades a la reflexión y la construcción teológica, negando la posibilidad y la responsabilidad de todes les creyentes de estudiar y hacer teología. Explorar otras formas de pensar y creer, leer y comentar en grupos textos de teologías feministas, liberadoras, cuir, o materiales de otras espiritualidades no sólo nos ayudarán a sanar las heridas históricas de la exclusión sino que enriquecerán nuestras visiones y nuestra conexión con la divinidad.

CRECER EN COMUNIDAD: Vivir en comunidad y rodearse de personas que afirmen nuestra agencia, autonomía y dignidad humana, que sepan corregirnos en amor y celebrarnos en sinceridad, así como dejar de frecuentar espacios o personas que promulgan la Supremacía Cristiana y ejercen Violencia Espiritual, que juzgan, humillan o excluyen a otros a partir de creencias religiosas. Es central hacer este ejercicio de sanidad en comunidad.

CAMBIAR LOS LENGUAJES: Para cambiar el chip de la Supremacía Cristiana y sanar las heridas de la Violencia Espiritual, podemos comenzar a reemplazar los mensajes violentos de juicio u odio, por frases de amor y afirmación, por ejemplo: Dios me —te, nos— ama tal y como somos o Dios me —te, nos— ha hecho maravilloses, en lugar de "Debo, debes o debemos cambiar" o "No soy o somos digna del amor de Dios"

RECONOCER NUESTROS "SEÑORES" INTERNOS: Esta es probablemente una de las tareas más difíciles, y a la vez más urgentes para liberarnos de las raíces de la Violencia Espiritual. Fuimos entrenades para vivir en violencia. Se nos educó en la competencia y en el poder como valor supremo a alcanzar a cualquier precio. Inconscientemente se nos inculcó que la única manera de no ser víctima es ocupando el lugar del abusador, y reproduciendo sus estrategias de dominio: Mandamos u obedecemos, ganamos o perdemos, abusamos o somos abusados, seguimos o somos seguidoras y seguidores, atacamos o nos atacan.

Para salir de este círculo de violencia es importante dar pasos en reconocer nuestras propias tendencias a agredir, a sobresalir o dominar sobre otras y otros, en formas simbólicas o concretas, consciente o inconscientemente. Esto nos llevará a nuevas sendas de renovación donde podremos diseñar y aprender otras formas de vinculación que nos acerquen más y más a la vida, a la dignidad, a la libertad y al gozo de ser, y de amar y ser amados tal como somos. Pedir perdón, ayudar a otres sin esperar reconocimiento, acompañar a otres en la senda de su éxito y realización, entregarnos por algunos días a tareas menores o de bajo perfil que solemos evitar, dedicar nuestro tiempo para aprender de alguien aparentemente con menor experiencia, felicitando los logros de nuestros amigos o cercanos, pueden ser actos cotidianos que nos ayuden a desmantelar al "Patrón" que llevamos dentro.

Traicionar a nuestros Señores: La Supremacía Cristiana se ha valido por siglos del mandato de obediencia como forma de doblegar las voluntades que creen así ganan el favor divino. El miedo al castigo y la obediencia ciega han suprimido nuestra capacidad de discernir y elegir. Un paso concreto hacia la libertad y la autonomía es el reconocer ¿Cuáles son esos mandatos que seguimos sin atrevernos a cuestionar? ¿Y si nos atreviéramos cuáles de ellos nos gustaría cuestionar o cambiar? ¿Cuáles son esos sentimientos que hemos incorporado y que muchas veces nos llevan a obedecer mandatos que no nos convencen del todo? ¿Qué acción concreta podríamos hacer individual o colectivamente para mostrar nuestra autonomía frente a esos mandatos limitantes?

Crear nuevas formas: Para sanar también será importante atrevernos a crear juntes nuevas estrategias para responder a los hechos cotidianos de Violencia Espiritual. No hay una forma correcta o incorrecta de responder: lo importante es saber que tenemos la libertad de crear y de cuidarnos. Quizá no podamos responder a un silbido si vamos solas por la calle, pero si puedes, por ejemplo, responder a quien sin fundamento te dice "Dios lo manda así" o salir de la iglesia cuando están condenando el divorcio, la minifalda, etc. Acciones creativas, festivas, serenas y gozosas de ser lo que somos y de vivir una espiritualidad libre y profunda nos permitirán abrir cada día espacios para la inclusión, la libertad y la dignidad de todes.

Activismo: Participar en formas de activismo y solidaridad en el cuidado de la vida y dignidad, a fin de eliminar formas de Violencia Espiritual, basadas en las ideologías de los fundamentalismos cristianos. Es esperanzador ver cada día más y más personas que identifican en la historia las raíces de la violencia y emprenden acciones de denuncia, transformación y acompañamiento de las víctimas.

Autocuidado: Enfocarnos en el amor propio, la compasión, el cuidado y el autocuidado como actos deliberados y revolucionarios de resistencia y resiliencia. El aprender a sacar tiempo de calidad para el cultivo de la vida interior, la espiritualidad, el reconocimiento y la sanación de las heridas internas y el reconocimiento de la propia valía serán clave en la recuperación de la fuerza y la dignidad para crear nuevas formas de relacionamiento al interior de nuestras familias y nuestras comunidades. Respirar, descansar, bailar, volver al tiempo propio, a los tiempos propios, son tareas diarias invaluables en el proceso de liberación.

Buscar ayuda profesional: Las secuelas de la violencia y el abuso espiritual son muchas y diversas. Muchas de sus huellas no son identificables a simple vista y requieren la intervención de un profesional de salud. Si tenemos la oportunidad, recibamos el regalo de tiempos y espacios de sanación con personas preparadas para apoyarnos.

Explorar otras formas de espiritualidad: Una de las formas más radicales de revertir esta realidad es atreverse a desafiar a la Supremacía Cristiana a través de tomar caminos de espiritualidad alternativos. Una de las características de la Supremacía Cristiana es su autoproclamación de ser la única vía verdadera y correcta para cultivar nuestros espíritus. Nada está más alejado de la realidad. El mundo provee una gran diversidad de caminos espirituales y tenemos la libertad de conocerlos, descubrirnos y caminarlos: conozcamos a otras personas y formas de pensar dentro y fuera del cristianismo, leamos otros libros, escuchemos otras voces, y permanezcamos atentas a los patrones de Violencia Espiritual y Abuso Religioso.

PREGUNTAS PARA DIALOGAR

INTEGRACIÓN DE CONCEPTOS

- ¿Qué manifestaciones de la Violencia Espiritual reconoces en tu cotidiano?

- ¿Qué características son menos reconocibles para ti? A partir de tu comprensión ¿Cómo entiendes la heteronormatividad y de qué maneras puede presentarse como violencia?

- Según tu experiencia ¿Cómo afecta la Supremacía Cristiana nuestro diario vivir?

REFLEXIÓN

- ¿Habías escuchado hablar "Violencia Espiritual"? Describe tu comprensión del término antes y después de haber leído esta sección.

- ¿Cuándo te has sentido blanco de Violencia Espiritual? ¿Cuándo crees que has reproducido la Violencia Espiritual hacia otres y/o tu persona?

- ¿Qué áreas en tu vida, sientes afectadas por la Violencia Espiritual y consideras que necesitan sanación o están sanando?

- ¿Qué estrategias han sido útiles en tu proceso de sanación? ¿Qué nuevas estrategias podrías integrar?

Análisis

- ¿De qué formas se ejerce la Violencia Espiritual en la sociedad?

- ¿Qué dimensiones comparte la Violencia Espiritual con la violencia de género y contra la diversidad sexual?

- En contextos de Hegemonía Cristiana ¿Cómo se usa la Biblia para el ejercicio de la Violencia Espiritual?

> **Bridge:** The active combination of Sp. Violence enforced through sacred texts, gender/sexuality, & every day life creates the conditions for disproportionate power imbalance in religious contexts that produce spiritual terrorism
>
> *the intersections of multiple oppressions*
>
> ↔ Disproportional power imbalance in religious/spiritual contexts happens through hierarchical structures concerning
> (A) Divine/human
> (B) male/female & hetero/homo
> (C) Class & race

3: Terrorismo Espiritual

Otro término que suele resultar extraño, novedoso o incluso chocante en muchos ámbitos es el de Terrorismo Espiritual que va de la mano de la Violencia Espiritual. Esta, como hemos dicho, utiliza lo religioso, sagrado o espiritual, como plataforma de poder en diferentes culturas y épocas. Así, cada vez que argumentos del ámbito religioso o espiritual, son usados de forma directa o indirecta, en decisiones tomadas desde el poder, que impactan de forma negativa la dignidad y el valor sagrado de las personas, grupos o poblaciones, estamos hablando de Violencia Espiritual. Cuando esta nos envuelve totalmente desde los distintos ámbitos de la cultura y la sociedad, no solamente de forma psicológica y espiritual, sino incluso constituyendo una amenaza constante de violencia sobre nuestras vidas, sea de personas o entidades cercanas o estatales en completa impunidad, podemos hablar de Terrorismo Espiritual.

> El Terrorismo Espiritual es una estrategia de la Supremacía Cristiana cuyo propósito es mantener su ejercicio del poder de forma sistémica con la amenaza de la violencia y la represión.

El Terrorismo Espiritual es una estrategia de la Supremacía Cristiana cuyo propósito es mantener su ejercicio del poder de forma sistémica con la amenaza de la violencia y la represión. El Terrorismo Espiritual busca mantener a sus "grupos objetivo" en "su lugar" a través del miedo, creando espacios y fronteras en donde cualquier manifestación fuera de lo normal puede verse castigada incluso con la pérdida de la vida. Este se instala en las estructuras de poder en los Estados y a través de las instituciones dominantes, infunde terror e instiga al miedo de los grupos marginalizados o con menos poder.

La Supremacía Cristiana, mediante el uso de la Biblia y las doctrinas de las iglesias, promueve visiones sesgadas de la vida, como la capacidad de los gobernantes de decidir sobre la vida y el bienestar de las poblaciones, o la creencia en que hay personas con mayor dignidad por su raza, su color o su origen. Igualmente se imponen las configuraciones binarias de género y orientación sexual como dadas por Dios y moralmente superiores, lo que genera marginación y exclusión de todas aquellas personas y grupos sociales que no comparten estas características, posicionadas como moralmente aceptables. Dichas imposiciones configuran dolorosamente muchas vidas excluidas por motivos de raza, diversidad sexo-genérica, procedencia cultural, o sencillamente por pensar o ser diferente a un contexto.

> Al hacer uso de estos mitos sobre lo que es bueno o malo, se refuerza y legitima la marginación sistemática, de manera que la violencia contra ciertas personas y grupos se considera normal, moralmente aceptable y por lo general, queda en la impunidad.

Al hacer uso de estos mitos sobre lo que es bueno o malo, se refuerza y legitima la marginación sistemática, de manera que la violencia contra ciertas personas y grupos se considera normal, moralmente aceptable y por lo general, queda en la impunidad. Por ejemplo, el mito generalizado de que Dios es masculino, lleva al uso desproporcionado de imágenes de Dios como Padre, Rey y Juez y refuerza los estereotipos de género que validan los sistemas patriarcales en los que las mujeres, las personas trans y las personas intersexuales son consideradas inferiores. Esto justifica moralmente muchas de las manifestaciones la actual epidemia de violencia de género, como la violencia doméstica, la violación correctiva, el matrimonio infantil, el tráfico sexual, la cirugía de mutilación genital, el asesinato y la impunidad de los "delitos de pasión" y los delitos de odio de género. Igualmente el uso frecuente de imágenes de Dios con características nórdicas o caucásicas como piel blanca, ojos claros y estatura alta, termina por marginar a poblaciones con rasgos raciales diferentes, justificando históricamente invasiones, guerras de dominación y sistemas de esclavitud, entre otras formas de explotación.

En las vidas de las mujeres y las personas LGBTQI la amenaza de violencia siempre está presente, desde el momento que nacemos hasta el momento que morimos. En la calle, en los servicios de transporte, en ciertas zonas de las ciudades, en los lugares públicos, incluso en muchas familias o instituciones, cualquier manifestación libre de nuestro ser puede ser objeto de ataques y/o amenazas, todo con el fin de mantenernos en "nuestro lugar prescrito": al margen.

Por ejemplo, desde muy niñas se enseña a las mujeres la subordinación a los hombres como algo natural y en contextos religiosos como un mandato divino. En muchos contextos, cuando como mujeres no aceptamos "nuestro lugar": si no obedecemos a los hombres de nuestras vidas; o si nuestro comportamiento se sale de las expectativas, existe una amenaza permanente, que conlleva castigos y represalias. Estas pueden ir desde miradas excluyentes que expresan asco o desprecio, hasta violencia doméstica o sexual o incluso hasta la muerte. Represalias infringidas sea por las personas más cercanas, por desconocidos o por instituciones. Incluso entre mujeres: madres, hermanas, amigas o vecinas, podemos replicar estos mismos castigos y represalias, sobre otras mujeres o sobre nosotras mismas, en formas de autocastigo o autoexclusión, pues de alguna manera tenemos incrustado en nuestra estructura psíquica, el chip de la moralidad de la Supremacía Cristiana como la voz de la divinidad que nos habla desde el interior.

CONECTA CON TUS EMOCIONES

Existen comunidades y/o personas que crean espacios dónde las expresiones más auténticas de nuestro ser se sienten seguras, afirmadas y celebradas. Sin embargo, también hay momentos en que dichos espacios o personas impiden que seamos nuestra versión más auténtica. En estos momentos nos damos cuenta que se ha generado una marginación o exclusión de algunas características de nuestro ser, que no son compartidas por la mayoría a nuestro alrededor. Cuando esto sucede, nos sentimos "fuera de lugar" y surge el miedo de ser y expresarnos en libertad. Es importante notar que este miedo es resultado del Terrorismo Espiritual y no señal de que algo está mal en nosotres. Toma un momento para reconocer los sentimientos asociados a estas formas de marginación experimentadas. Comparte en grupo expresiones de afirmación de la valía personal de cada une de les presentes.

La Supremacía Cristiana usa figuras religiosas de la Biblia para legitimar ese Terrorismo Espiritual bajo una moralidad torcida. Nos dicen que Eva "fue mala" porque dudó de lo que se le dijo, hizo algo distinto a lo que se le ordenó y se atrevió a hacer preguntas. En su contraparte, se dice que María "fue buena" porque obedeció sin cuestionar, mantuvo su condición de virgen aun siendo madre y cumplió las expectativas deseadas para una joven pura y consagrada, aunque biblistas a lo largo del tiempo han demostrado varias interpretaciones en que María de Nazaret es visible como una mujer empoderada, que toma sus propias decisiones, cuestiona las normas sociales y, en de- finitiva, no es ejemplo de una mujer subordinada y sumisa; ¡sino es todo lo contrario!

> La Supremacía Cristiana usa figuras religiosas de la Biblia para legitimar ese Terrorismo Espiritual bajo una moralidad torcida.

Son estas ideas machistas, desprendidas de la ideología de la Supremacía Cristiana y el patriarcado, las que replican cotidianamente las prácticas de exclusión y marginación que viven las mujeres en muchos rincones del planeta. En muchos contextos, por ejemplo, el nacimiento de un varón es más celebrado que el de una hembra. Igualmente, resulta muy común la invisibilidad de las mujeres ante la larga lista de nombres masculinos en la historia de las artes y las ciencias. Muchas veces incluso obras y descubrimientos realizados por mujeres llevan hasta hoy la insignia de sus padres, esposos o mentores, invisibilizando enormes contribuciones de las mujeres en la historia. El solo hecho de ser mujer o niña en estos contextos, lleva implícita la experiencia de Violencia Espiritual.

A diario, en cada escenario de la vida, en lugar de vernos celebradas como seres fuertes, reflejo de una de una divinidad inspiradora, e invitadas a desarrollar todas nuestras potencialidades, se refuerza, por el contrario y a manera de Terrorismo Espiritual, la falsa idea que afirma la subordinación de las mujeres y los mandatos de ser sumisas, humildes y serenamente conformadas con un segundo papel en la historia.

PAUSA Y ANALIZA

La Supremacía Cristiana sistemáticamente ha saturado estructuras sociales y religiosas con moralismos torcidos que legitiman la marginación y la violencia contra grupos y personas que no se someten a su visión de lo que es moralmente aceptable. Por lo cual, crear nuestras propias teologías es un acto de resistencia. Considera dar voz a tus experiencias y que ellas configuren una teología liberadora para tu vida. ¿Qué tradiciones, valores, éticas, creencias, y más son importantes en la formación de tu propia teología? En el proceso, quizás tengas que alejarte de doctrinas o ideas teológicas recibidas antes, para poder reconstruir ideas nuevas. Este puede ser un proceso lento y algo doloroso, pero finalmente te llenará de gozo.

Estos mandatos, transmitidos desde las iglesias, y reforzadas por los moralismos religiosos presentes en las instituciones educativas, las familias y las leyes, refuerzan la separación de profesiones masculinas y femeninas, la imposición de las labores domésticas, la doble moral sexual, el acceso diferenciado a salud, educación y bienestar, así como la descarada desigualdad salarial, por dar algunos ejemplos. Y si no nos resignamos a aceptar estas estructuras, siempre hay alguien para imponer formas de castigo y mantener a las mujeres "en su lugar" incluyendo la violencia de género, violaciones, y feminicidios. El Terrorismo Espiritual impide que muchas personas puedan sentirse seguras y afirmadas en la expresión de su más auténtico ser.

> El Terrorismo Espiritual impide que muchas personas puedan sentirse seguras y afirmadas en la expresión de su más auténtico ser.

CONECTA CON TU CUERPO

Comenzar un nuevo día, una nueva rutina, un nuevo trabajo o incluso un nuevo paso en nuestro proceso de sanación, resulta más fácil de enfrentar con un cuerpo dispuesto y fortalecido. Ejercicios sencillos como el que viene continuación, pueden convertirse en rutinas cotidianas que nos permitan despertar y conectar con las fuerzas internas de sanación y resiliencia. Como siempre, una música suave de fondo puede ayudar enormemente:

Ponte de pie con las piernas relajadas, los pies paralelos abiertos a la anchura de los hombros y las rodillas ligeramente flexionadas. La mirada al frente, los hombros relajados y los brazos sueltos a lo largo del tronco. Para mejorar la relajación puedes propiciar un temblor rápido y vigoroso soltando las tensiones más recientes de todo el cuerpo; identificando las articulaciones que más te sea posible, desde tus pies hasta la cabeza, movilizándolas suavemente a medida que las vas reconociendo. Por ejemplo, si reconoces la articulación del tobillo o de uno de tus dedos, la mueves levemente tomando mayor conciencia de ella.

Finalmente puedes realizar una rutina de rotación y estiramiento de cada una de las articulaciones, de la siguiente manera, de 7 a 8 veces cada uno: primero movimientos rectos (hacia atrás y adelante o hacia los lados), y luego movimientos circulares, esto ya que si las articulaciones están frías los movimientos rectos generan menor esfuerzo y van ayudando a calentarlas antes del movimiento circular.

Comencemos por los dedos de los pies. Puedes ayudarte a flexionarlos hacia atrás y hacia adelante ejerciendo un poco de presión con el piso.

Continuamos por los talones: Puedes subir y bajar cada uno de los pies estimulando la articulación del tobillo 7 veces, para luego pasar a hacer rotaciones de los pies a 7 veces hacia a la izquierda y 7 veces hacia la derecha con cada pie.

Rotamos luego las rodillas, levantando cada pierna podemos movilizar primeramente cada rodilla moviendo la parte baja de la pierna hacia adelante y hacia atrás para luego hacer rotaciones circulares hacia cada lado.

Con las piernas flexionadas podemos hacer círculos con la cadera hacia cada lado.

Para movilizar las articulaciones de la columna, ya que cada vértebra es una articulación, podemos girar y movilizar toda la espalda tomando conciencia y tratando de movilizar hacia diferentes direcciones cada una de las vértebras de nuestra columna.

De la misma manera que hicimos con las piernas podemos rotar las articulaciones de los brazos: hombros, codos, muñecas, dedos, primero mediante movimientos rectos y luego pasando a rotaciones hacia ambas direcciones.

Al llegar al cuello igualmente podemos hacer movimientos de cabeza primero hacia adelante y hacia atrás, y luego hacia los lados. Para el movimiento circular sugerimos no hacerlo completo sino hacer una rotación en forma de luna por la parte delantera, tocando la barbilla con el pecho y llevando la cabeza hacia el lado derecho e Izquierdo, hasta el punto en que cada oreja pareciera querer entrar en contacto con el hombro. La rotación posterior de la cabeza no es recomendable para todas las personas por lo que en este caso no la sugerimos.

Puedes terminar cerrando un instante los ojos y percibiendo las nuevas sensaciones corporales después del ejercicio. Esta rutina puede hacerse diariamente para comenzar el día o antes de realizar alguna actividad que requiera de nuestra energía y concentración.

Escuchar la palabra terrorismo nos evoca imágenes de algo que aparece de pronto, sin avisar, que no puedes indicar de dónde vino, por que los responsables han actuado en lo escondido. Es algo planeado, organizado previamente con intenciones de dañar, destruir, causar temor o manifestar poder y capacidad de daño. Utilizar una metáfora como Terrorismo Espiritual, nos ayuda a entender las magnitudes de la Violencia Espiritual, cuando esta es orquestada conscientemente desde instancias de poder y se articula de forma interseccional con muchas otras formas de marginalización y violencia. De modo que la violencia estructurada desde diversos frentes, afecta de modo trágico y directo la supervivencia misma de sus víctimas manifestándose como Terrorismo Espiritual.

Como ya lo hemos dicho, el Terrorismo Espiritual se soporta en la Supremacía Cristiana, de la que se han desprendido históricamente buena parte de las creencias que han terminado afectando todas las formas de estructuración de nuestras sociedades occidentales. Esas creencias centrales para la cultura y la sociedad, establecen jerarquías entre las personas, determinando quienes deben ser las y los receptores de los privilegios, al mismo tiempo que definen, quienes, por no encajar en estas clasificaciones, recibirán del sistema las consecuencias de la marginación, política, social y cultural, llegando en muchos casos a la privación de los derechos más fundamentales.

Algunos ejemplos de identidades privilegiadas que se desprenden de las creencias de la Supremacía Cristiana incluyen:

Identidad	Creencia religiosa/cultural basada en la Supremacía Cristiana
Ser hombre	El hombre como creación suprema, primera criatura formada por las manos de Dios: imagen exclusiva de Dios, superior a la mujer y todas las criaturas.
Estar casado	Cumplir con el mandato divino de la institución matrimonial, basado en una interpretación del modelo "Adán y Eva".
Ser blanco	Color de piel de los colonizadores, color de piel ideal. Blanco como símbolo de la luz, del cielo. La piel de sus escogidos es blanca por ser más pura y estar tan cerca de la luz divina.
Ser heterosexual	Entendida como la forma natural y sagrada de los seres humanos, que se desprende de la historia de Adán y Eva como mandato divino de reproducción.
Ser millonario	La riqueza equiparada a la bendición y el respaldo divino.
Tener un cuerpo sano, "funcional"	La enfermedad o la presencia de "defectos" como señal de castigo o pérdida de la bendición divina.
Cristiano	Ser creyente y militante de la religión hegemónica establecida por Dios, legítima la imposición por la fuerza.
Tener hijos e hijas	Cumplir con la función divina de reproducción

Para entender mejor las complejidades de este tejido de injusticia y cómo las intersecciones de violencia e identidades marginadas son el escenario perfecto para la manifestación del Terrorismo Espiritual, estaremos analizando el siguiente caso:

YADIRA Y EMILIO

Yadira y Emilio son una joven pareja de El Salvador. Crecieron, se enamoraron e iniciaron su familia en los barrios pobres de San Salvador, enfrentando la dureza de la pobreza, el desempleo y la violencia de las maras, que venían aumentando su poder después de la desestabilización del país por la dictadura militar y los años de guerra civil, en parte debido al respaldo militar y financiero de Estados Unidos, que financió la represión con más de 4 billónes de dólares: representados en armamento, equipo militar, capacitación y conformación de comandos especiales de contrainsurgencia, entrenados en hostigamiento, tortura, masacres y asesinatos selectivos. Todo esto dejó el país sumido en un gran caos, pobreza extrema y dolor.

Acorralados por estas realidades y sin trabajo para el pan de cada día, el matrimonio determinó que Emilio fuera a los Estados Unidos para buscar trabajo por un tiempo para sostener a su familia. Sus hijes Yizel e Ilán tenían apenas cuatro y dos años de edad, cuando Emilio logró cruzar la frontera y entrar a EEUU. Para Emilio, el viaje fue largo y difícil, pero logró su meta de encontrar trabajo y sostener su familia, aunque le dolía el corazón estar tan lejos de su esposa y bebés que crecían cada día más rápido.

El terror causado por las pandillas la zona, se fue aumentando hasta que sin horizontes, con sus vidas en peligro, Yadira pensó seguir los pasos de su esposo en procura de un mejor futuro para sus pequeños hijes y reunir la familia. Algunos vecinos comentaban que muchas familias estaban emigrando hacia Estados Unidos, y "los coyotes", grupos que negocian transportando emigrantes, ofrecían una suerte de promoción en la que solo pagaban los adultos. Yadira, desconsolada por dejar su tierra pero alentada por una luz de esperanza de reunirse con su esposo, emprendió su viaje con la intención de hallar asilo en los Estados Unidos.

Después de varias semanas de fatigoso camino, cruzando Guatemala y México, llegaron en el verano de 2018 a la frontera sur de Estados Unidos. Al cruzar la frontera, una patrulla policial los interceptó, llevando a Yadira y los hijes a un centro de detención en donde, a las pocas horas, separaron a Yizel e Ilán de su madre. Días antes, como parte de la política "Tolerancia Cero", Estados Unidos empezó a separar las familias que intentaban cruzar la frontera México-Estadounidense buscando asilo. Miles de niñas y niños, incluso bebés en brazos fueron internados lejos de sus padres, quienes fueron procesados como criminales por haber entrado en los Estados Unidos sin documentos de inmigración.

Sin poder comunicarse con su esposo o cualquier otro familiar, Yadira, como muchos otros, fueron deportados, mientras que sus hijes, junto con muches niñes de Guatemala, México, Salvador y Honduras fueron llevades a un refugio infantil sin dejarles ver, hablar o tener noticias de sus padres. Ilán lloraba hasta la madrugada preguntando por su mamá, mientras Yizel sosteniendo las lágrimas, lo abrazaba cerca de su pecho, y en silencio susurraba la oración al ángel de la guarda con la que sus padres les dormían cada noche.

Emilio buscó un abogado para ayudarle a sacar los niños del centro de detención del gobierno, pero incluso con la ayuda legal, no podía pedir custodia de sus hijes porque no tenía documentos. Esto significaba que probablemente él también sería deportado si se presentaba con inmigración. Hasta la fecha Yadira y Emilio junto con muchas otras familias continúan intentando, sin éxito, comunicarse con sus hijes y pedir a las autoridades el regreso a su familia natal.

Las redes sociales vieron pasar videos e imágenes de miles de niños, niñas y niños alojados en carpas y encerrados en jaulas: rostros tristes, asustados, desconcertados. Casos como el de Yizel, hicieron eco en muchos lugares, levantándose voces de rechazo desde muchos rincones del mundo. En respuesta al grito humanitario, Jeff Sessions, el Fiscal General de los Estados Unidos, defendió las políticas de la administración Trump de "cero tolerancia" a la inmigración irregular, usando la Biblia como prueba de su validez. Dijo, "Quisiera citar al apóstol Pablo y su sabio mandato en Romanos 13 de obedecer las leyes del gobierno, porque Dios ha instituido el gobierno para sus propósitos". De esta manera, el gobierno utilizó las Escrituras para legitimar sus abusos contra niños y familias, insinuando que no había error moral en sus decisiones por ser instalados por Dios, siendo sus acciones y leyes bendecidas y legitimadas por la religión.

Fue parte de toda una política de Terrorismo Espiritual, que amparada en una cierta dignidad religiosamente legitimada, criminalizó familias y personas que por sus condiciones de migración tendrían derecho a un proceso de asilo, separando arbitrariamente a les menores de edad de sus progenitores, y de este modo dando un mensaje aterrador a las familias latinas que

> pensaran buscar asilo en Estados Unidos, y dejándoles sin salida: Si te quedas corres el riesgo de morir, si viajas corres el riezgo de ser procesado como criminal y perder a tus hijes sin ningún mecanismo legal de protección.

El caso de Yadira y Emilio nos ayuda a entender mejor cómo, para quienes no cumplen con las expectativas de identidad de la Supremacía Cristiana, los ataques y amenazas vienen en conjunto y de forma constante, manifestándose de forma espiritual, psicológica, social y física. Esta violencia se caracteriza por ser respaldada por leyes que a su vez han sido influidas o se han desprendido de forma directa o indirecta de las creencias de la Supremacía Cristiana.

Acá es donde vemos que el elemento de impunidad se manifiesta, y que quienes ejecutan el Terrorismo Espiritual, son vistos como haciendo lo correcto, puesto que están simplemente "cumpliendo la ley" y "defendiendo" los valores, la patria, la soberanía, la seguridad, etc, lo que deja a las victimas de dichas violencias en una total incapacidad de reclamar sus derechos más mínimos dejandoles totalmente desprotegidos. También podemos hablar de una impunidad cultural ya que esta misma rigurosidad de cumplimiento es vista como la conducta ideal deseada por Dios.

> Para quienes no cumplen con las expectativas de identidad de la Supremacía Cristiana, los ataques y amenazas vienen en conjunto y de forma constante, manifestándose de forma espiritual, psicológica, social y física.

Yadira se encuentra en un cruce de violencias; una mujer no blanca, obligada a emigrar para salvar su vida y la de sus hijos, sin documentos, sin un hombre a su lado al momento de ser arrestada, sin dinero, es la representación de muchas identidades no ideales ante la Supremacía Cristiana, lo que la convierte, a los ojos de este sistema, en no merecedora de las garantías civiles más básicas ni de ninguna otra forma de consideración.

Así confirmamos que en el Terrorismo Espiritual, la discriminación y Violencia Espiritual provienen de varios centros de poder como lo son el estado, y sus organismos de control militar, las iglesias, la familia y la sociedad, como una amenaza constante.

El Terrorismo Espiritual existe en las intersecciones de varias identidades discriminadas por la sociedad. Por ejemplo, ser una trabajadora sexual trans y refugiada, o ser una mujer negra y musulmana sin hijos, son ejemplos de condiciones e identidades múltiples que nos exponen al Terrorismo Espiritual. El hecho de no representar las identidades y condiciones que la Supremacía Cristiana considera "ideales", es decir, las que merecen los títulos de "buenas" o moralmente superiores, las que supuestamente se acercan más a las identidades divinas o de "diseño original", es lo que les hace blanco de formas de sanción, castigo o privación. Según estas narrativas de diseño "natural", quien merece tener el poder, debe cumplir con las características de ser masculino, ser rico, ser blanco, ser heterosexual, ser cristiano, haber procreado una familia o bien, tratar de acercarse a estos ideales a como dé lugar.

> El Terrorismo Espiritual existe en las intersecciones de varias identidades discriminadas por la sociedad.

De este modo las personas que no comparten las identidades asociadas a los estándares de la Supremacía Cristiana permanecen en constante amenaza y exclusión, física, material, económica, legal: sea por estar indocumentadas en un país de refugio, o sufrir la exclusión de sus comunidades de fe por ejecutar un trabajo sexual, o ser discriminadas por el racismo o la homofobia; o ser mucho más vulnerables en cuanto conseguir trabajos, vivienda, y tener acceso a educación. La razón de todo esto es que las leyes del país no reconocen sus derechos humanos fundamentales, por lo que la policía u otros cuerpos institucionales, sociales y culturales, pueden, cuando quieran, atentar contra su integridad física o derechos básicos.

Esta experiencia de no poder descansar en ningún lugar, de sentir que no se cuenta con nada ni nadie, de estar en estado de alerta y amenaza constante de parte de múltiples centros de poder y control; a esta experiencia es a la denominamos Terrorismo Espiritual.

¿Qué podemos hacer frente al Terrorismo Espiritual?

Una de las herramientas más valiosas para enfrentar el Terrorismo Espiritual es la toma de conciencia, tanto a nivel individual como colectivo. Esta conciencia se gana al comprender dónde estamos en cuanto a nuestras identidades. Lo podemos hacer al preguntarnos cuáles de esas identidades nos traen discriminación y rechazo, y cuáles por el contrario nos traen privilegio y poder.

Esto nos ayuda a entender cómo somos vistas y vistos por los distintos sistemas de poder según nuestras características. En algunos casos, podremos darnos cuenta de que nuestro color de piel nos da poder, o bien que esa característica es la que provoca en otras personas la sensación de que pueden agredirnos, siguiendo los prejuicios de su formación. Cualquiera que sea la situación, estaremos creciendo en la capacidad de entender cómo funciona este sistema de clasificación de personas que se desprende de los supuestos de la Supremacía Cristiana.

Si la experiencia es de reconocer que somos blanco de distintas formas de violencia por alguna de estas características, lo primero será afirmarnos en la realidad de que esto es absurdo e ilegítimo. De esta forma, en vez de juzgarnos como "malas" o de "segunda categoría" por ser pobres, solteras o gay, podemos comenzar a entender que estos juicios de valor son mentiras que debemos enfrentar. Al mismo tiempo podemos identificarnos con otras personas que también están siendo blanco de estas formas de marginación y unirnos a ellas para fortalecernos y luchar juntas de maneras estratégicas contra estas marginaciones. También, es importante desarrollar una misericordia propia y comprender que sentirnos tristes, angustiados, o desanimadas es una emoción válida ante una existencia amenazada por las configuraciones de las creencias de la Supremacía Cristiana.

> Una de las herramientas más valiosas para enfrentar el Terrorismo Espiritual es la toma de conciencia, tanto a nivel individual como colectivo.

Si el caso es el contrario, e identificamos que algunas de nuestras características nos han acercado al poder y al privilegio, podemos preguntarnos qué queremos hacer con ese poder. Si mi color de piel me pone en una posición de privilegio en un contexto particular, tener conciencia de ello me puede ayudar a evitar caer en la tentación de abusar de ese poder e incluso llegar a darme cuenta si lo uso contra otras personas. Si soy una persona que ha tenido muchos privilegios en la vida, puedo también pensar cómo mi condición ventajosa puede ser estratégicamente usada para apoyar la causa de grupos que luchan por la igualdad y el respeto por todas las personas. Podríamos de forma solidaria, ser parte del financiamiento de un proyecto o con nuestras carreras y conocimientos, por ejemplo, hacer equipo con otras y otros que desean ver un mundo con mejores oportunidades, que honre la dignidad más básica de cada ser humano.

> Si soy una persona que ha tenido muchos privilegios en la vida, puedo también pensar cómo mi condición ventajosa puede ser estratégicamente usada para apoyar la causa de grupos que luchan por la igualdad y el respeto por todas las persona.

Como parte de este ejercicio, es importante tomar conciencia del Terrorismo Espiritual que sufren otras personas y grupos. Cuando reconocemos lo que están viviendo otros, podemos afirmarnos y acompañarnos, entendiendo que podemos estar juntes mientras luchamos. Esto también nos ayuda a no juzgar las causas de otros grupos que tal vez no entendemos bien. Cuando nos unimos, logramos descubrir que no es ningún dios, sino la ideología de la Supremacía Cristiana la que está detrás de este sistema de clasificación de personas. Con esto podemos comenzar a deconstruir esas formas de pensamiento y proponer creencias que resuenen con afirmar a las personas tales y como son, sin discriminación.

> Luchar contra el terrorismo religioso inicia con un cambio desde dentro de nuestro ser que luego nos permite, tal vez por primera vez, a desarrollar una misericordia hacia nosotres mismes y hacia otras personas.

Luchar contra el terrorismo religioso inicia con un cambio desde dentro de nuestro ser que luego nos permite, tal vez por primera vez, a desarrollar una misericordia hacia nosotres mismes y hacia otras personas. La esperanza que nos sostiene es creer que la lucha que hacemos desde dentro tendrá impactos en nuestras sociedades, nuestras familias, comunidades, iglesias e instituciones.

PREGUNTAS PARA DIALOGAR

Integración de conceptos

- A partir de la lectura de esta sección, ¿cómo podemos comprender el moralismo religioso y cómo afecta éste al desarrollo de nuestra espiritualidad?

- ¿Cómo entiendes el Terrorismo Espiritual? ¿Cómo se expresa a nivel social? y ¿Cómo nos afecta en lo personal?

- ¿Como se ejerce el moralismo religioso y como influye en el Terrorismo Espiritual?

- Según tu experiencia, ¿Cómo defines la espiritualidad? ¿Qué importancia tendría para ti liberar la espiritualidad de estos moralismos?

Reflexión

- Considerando las herramientas sugeridas para enfrentar el Terrorismo Espiritual, ¿De qué maneras concretas puedes implementar estas estrategias como parte de tu rutina diaria?

✿ Describe tu espiritualidad. ¿Cuáles son los componentes de importancia para ti? ¿En qué espacios y/o comunidades practicas tu vida espiritual?

ANÁLISIS

✿ ¿Cómo se usan las ideologías para sostener la Supremacia Cristiana y el Terrorismo Espiritual?

✿ Considerando los impactos del Terrorismo Espiritual, ¿Cuáles son las diferencias entre la Supremacía Cristiana y el Terrorismo Espiritual? ¿En qué maneras son similares?

Bridge: While Spiritual Terrorism upholds a disproportionate power imbalance, religious abuse is a term that helps us look to the subjects who misuse their position of power to coerce, manipulate, subjugate, persons & communities entrusted to their care...

As we turn to the histories of religious abuse we can map the trajectory of its historical construction and present enforcement.

Ⓐ Origins
Ⓑ Pattern/s (past + present)
Ⓒ Debunking the text
   c1: Biblical Authority
   c2: Legalism

4: ABUSO RELIGIOSO

Ahondemos ahora en el concepto del Abuso Religioso. De forma frecuente y como parte de una tradición histórica, los espacios religiosos y espirituales donde crecemos se han encargado de establecer en nuestras mentes la idea de que son en esencia lugares buenos, lugares de paz, perdón, reconciliación y sanidad. Sin embargo, quienes hemos crecido y caminado por largo tiempo en estos espacios, sabemos que, junto con sus aspectos positivos, también pueden ser utilizados como oportunidad para el abuso, la manipulación, la agresión, la mentira y la coerción.

El Abuso Religioso es una forma severa de Violencia Espiritual, ejercida de forma repetida y mal intencionada en espacios formalmente religiosos. Consiste en formas de maltrato o agresión hacia una persona o grupo de personas en el marco de una relación intencionalmente diseñada para compartir y/o crecer en la espiritualidad u otras dimensiones religiosas. Puede decirse que es un manoseo del alma, que produce considerables daños a nivel emocional, cognitivo, psicológico, físico y espiritual. El Abuso Religioso es a su vez una forma de abuso de poder

> El Abuso Religioso es una forma severa de Violencia Espiritual, ejercida de forma repetida y mal intencionada en espacios formalmente religiosos.

que implica, por lo general, la relación entre una persona o una instancia con poder otorgado por estructuras religiosas y personas o grupos subordinados a estos, que se identifican como, seguidoras, discípulos, aprendices, hijas e hijos espirituales, ayudantes, fieles, ovejas, etc.

Si vamos a niveles locales de comunidades, iglesias u otros grupos orientados al crecimiento espiritual, es característico de esta forma de violencia que las personas investidas con poder religioso-espiritual utilicen esta posición para manipular, controlar, explotar y aprovecharse de quienes están a su cargo o son sus seguidoras. La complejidad del vínculo tiene que ver con la representación de este poder otorgado y la aceptación tácita o expresa de una relación de subordinación, con constantes afirmaciones de lealtad, obediencia a cualquier costo y la imposibilidad de cuestionar o pensar críticamente. Esto establece un escenario proclive al abuso de poder, ya que hablamos de una relación desigual, en la que una de las personas o instancias de la relación es investida de un mayor poder o dignidad sobre las otras.

Esta investidura permite a estos líderes, presentarse como autoridades que están fuera de todo cuestionamiento, ya que lo divino no se cuestiona, de manera que su institución o jurisdicción resulta incuestionable. De esta manera todo lo que se hace o no se hace, contribuye a afirmar la posición o necesidades del líder. Con esto, la representación de Dios es la de un dios cómplice que justifica toda esta forma de operar, en su rol de juez implacable, imposible de complacer y que se comunica de forma mediada a través de sus líderes.

Allí donde está teniendo lugar una relación abusiva de tipo espiritual o religioso, las opiniones y sentimientos de las personas abusadas no son tomadas en cuenta. Por el contrario, a la persona o personas blanco de esta violencia, se les envía el mensaje de ser "menos espirituales" o de ser poseedoras de una "espiritualidad con defectos." En muchas ocasiones la persona ni siquiera cuenta con instancias intermedias o neutrales de escucha y apoyo, o denuncia, quedando aislada y expuesta a nuevos abusos y manipulaciones.

Orígenes del Abuso Religioso: El sistema de Vasallaje

En Latinoamérica usamos el término "caldo de cultivo" para hablar de las condiciones o ambientes que favorecen el desarrollo o crecimiento de algo perjudicial. De la misma forma, el apogeo y naturalidad con que se ejerce el Abuso Religioso en nuestros contextos responde a las condiciones previas que básicamente establecieron un escenario y dinámica de funcionamiento del poder hegemónico que echa mano de lo religioso para justificar su accionar de despojo e injusticia hacia los pueblos que desea conquistar y colonizar.

Una vez consumado el genocidio, la dominación, la destrucción, las violaciones de mujeres y niñas, el despojo de tierras, de la identidad, de satanizar y prohibir toda forma de espiritualidad local, de imponer con sangre la nueva religión y reino gobernante; luego de repartirse todo, vino el proceso de colonización. Una vez obtenido el control del territorio y las personas por el sometimiento forzado, los invasores establecieron colonias e imponían normas e instituciones que seguían promoviendo el deterioro de los locales y aumentaba el poder de los colonizadores. Eso implicaba, además del claro poder de la iglesia al servicio de los conquistadores, la importación y establecimiento de la clásica figura del señor feudal como modelo de liderazgo característico de la época.

Si bien son muchas las figuras de vínculos y relacionamientos que deberíamos estudiar para comprender las maneras en que la conquista y la colonia desmontaron las identidades locales como parte del proceso de despojo y esclavitud, es de crucial importancia familiarizarnos con la figura del vasallaje: central en relación al Abuso Religioso y sus formas de funcionamiento en nuestros países.

Las relaciones de vasallaje tienen su origen en la edad media. El sistema establecía un acuerdo entre una persona de mucho poder y otra con menor poder. La persona de mayor poder, el señor feudal, le ofrecía al vasallo la promesa de protegerle, mantenerle y otorgarle privilegios. Por su parte, el vasallo prometía a su señor, servirle, defenderle y serle fiel de forma absoluta, además de aceptar que su familia y tierras estuvieran también sometidas al "Señor". Dependiendo de cómo prosperara esta relación, un vasallo que se fortalecía por los privilegios alcanzados gracias a su fidelidad, podía en algún momento establecer su propia relación de vasallaje, siendo ahora señor de otros con menos poder, generando así toda una pirámide social.

No es difícil encontrar los ecos del sistema de Vasallaje en nuestras relaciones actuales. Tanto a nivel político, económico, social, cultural y familiar las condiciones del vasallaje siguen presentes. No es casual que empleados de medio rango traten de obtener el favoritismo de sus superiores, maltratando a su vez a sus colaboradores y subalternas. En el contexto religioso o espiritual es particularmente llamativo ver cómo muchas veces se pide a les creyentes una cierta veneración a los líderes religiosos como regentes o manifestaciones de Dios, "El Señor de Señores" en la tierra. E igualmente en las estructuras jerárquicas de muchas iglesias se replica la "repartición de tierras", la generación de pequeños reinos donde pequeños reyezuelos ponen a su servicio pequeños vasallos sobre los cuales sostener sus privilegios, todo esto muchas veces soportado en argumentos religiosos, leyes cósmicas e imposiciones divinas.

PAUSA y ANALIZA

Cuando hablemos de pasos hacia la liberación y acciones hacia la sanación, es sumamente importante reconocer que las condiciones sociales que celebran el favoritismo de ciertos grupos de personas y sistemáticamente permiten maltrato hacia otros —basado en rasgos de identidad considerados subalternos (que incluye clase, raza, credo, y más)— proviene de una larga historia conectada al proceso de la colonización. Por lo tanto, la violencia que se reproduce por medio de la desigualdad social no es solamente un problema personal (es decir de persona a persona) sino que también tiene raíces en sistemas e ideologías coloniales permeables en todos niveles de estructuras políticas, económicas, sociales, culturales, religiosas, y familiares.

El patrón original del Abuso Religioso

Es importante entender que en la creencia cultural, el poder de los señores feudales, venía de su fidelidad al rey, quien a su vez, había sido elegido por voluntad de un Dios, que lo instituyó a él, su familia y sus descendientes como dueños absolutos de un reino. Bajo este esquema la Supremacía Cristiana respaldaba y legitimaba el poder político de los colonizadores.

En la ceremonia de establecimiento del vasallaje, el vasallo realizaba su juramento de fidelidad sobre la Biblia: convirtiendo una promesa política/civil en un voto religioso al usar la Biblia —un texto sagrado y religioso— en un acto civil, y reforzaba la imagen del señor feudal como representante de Dios. El deber del vasallo se convertía de esta manera en una deuda moral/espiritual, haciendo casi imposible la posibilidad de rebelarse, pedir justicia, o salir del compromiso. La imposición del poder político estaba sustentada en premisas religiosas que obligaban la obediencia y servidumbre por parte de sus súbditos, utilizando las creencias religiosas en la obtención efectiva de poder sobre otras y otros.

Parecería que no es necesario destacar que el vasallaje y sus réplicas hasta nuestros días son relaciones violentas y de abuso de poder, pero exactamente por conformar los hilos de nuestros tejidos más primarios, no siempre es fácil reconocerla como tal, por lo que es necesario señalarlo. De forma especial, es importante destacar la identificación con el agresor como parte esencial del vínculo. Ante una situación como lo fue la conquista y la colonia, donde se en juego en juego no solo la libertad sino la vida misma, la identificación y sometimiento absoluto al agresor era un mecanismo de sobrevivencia. Desobedecer al Señor no era una opción. Era obedecer o el despojo, obedecer o ver a sus esposas e hijas ser violadas o vendidas: obedecer o morir.

Entender el funcionamiento de esta fidelidad al agresor puede darnos pistas sobre las formas en que opera el Abuso Religioso y la lealtad culturalmente transmitida en nuestros contextos, hacia las autoridades religiosas, cuya investidura las hace especiales y superiores. Vale destacar los impactos que producen las concepciones de lo religioso al nivel de la organización de las comunidades creyentes.

No en vano se ha establecido en el imaginario de nuestros pueblos que Dios es un hombre, al que se le dice "Señor" y con quien se mantiene una relación sostenida por el temor al castigo anunciado para quienes no obedecen sus mandatos. No es tampoco casual que nuestras familias se organicen de la misma forma, teniendo que responder a nuestros padres con las palabras "sí señor", y a quienes, por lo general, tampoco se puede contradecir o cuestionar por terror a su castigo, o la pérdida de su protección.

> Vale destacar los impactos que producen las concepciones de lo religioso al nivel de la organización de las comunidades creyentes.

El vasallaje en nuestros días

Como ya lo hemos mencionado, este antiguo pacto entre el Señor y su vasallo, lejos de haber quedado en el pasado como un hecho histórico, continúa replicándose de diversas maneras en nuestra cotidianidad en forma de alianzas orientadas a mantener el poder de algunos "Señores", a cambio de privilegios o prebendas que reciben sus subalternos gracias a su servicio y fidelidad. Dinámicas que en al ámbito religioso tienden a proteger a los líderes abusadores mientras que dejan expuestas y desprotegidas a las víctimas de Abuso Religioso, quienes además de experimentarlo como algo normal o que no puede cambiarse, adolecen de herramientas para protegerse, denunciar o salir de la relación de abuso.

No se trata solamente de los terrores construidos alrededor de imágenes divinas que cobran venganza, sino la represión efectiva por parte de quienes, en el ejercicio de su poder religioso o espiritual, manipulan, avergüenzan, atacan, persiguen, silencian, exponen, culpabilizan y excluyen a quienes se atreven a cuestionar y dar pasos hacia su liberación.

Así, como parte de los intentos de supervivencia, tendemos a repetir lo aprendido, tomando los roles sea del señor o del vasallo, asumiendo el lado de la víctima o del victimario, o de ambos al mismo tiempo.

Integramos el rol del vasallo, a medida que fuimos aprendiendo que la única manera de sobrevivir o evitar los castigos, era cumplir los mandatos y reglas establecidas. A la mayoría, desde temprana edad se nos enseñó a callar y obedecer a las figuras de autoridad en la familia y en las instituciones educativas, moldeándonos como dóciles seguidoras de jefes, mandatarios y líderes, casi como un único "destino". De esta manera aceptamos condiciones laborales precarias en nombre de la humildad, la obediencia y la resignación; asentimos a sermones degradantes de la dignidad humana, que aceptamos por venir de "autoridades sagradas", o nos acostumbramos a diversas formas de explotación y "manoseo" de la dignidad, tras sufrir el toqueteo de un tío que luego se escudó en que "la niña lo sedujo" y la pecadora era ella.

Por otra parte, desde el rol del Señor, podemos desarrollar la fantasía de que podemos evitar la crueldad del mismo si nos convertimos en él. Sería como tratar de asegurar la protección de ser atacado al tomar la posición de quien ataca. Podemos ver esto en cualquier escenario de la vida. Lo vemos en la madre que obliga a su hija a vestirse de cierta forma para asistir al culto, para que no "provoque a los hombres de la congregación", en el líder de la escuela sabática, que ridiculiza a uno de los participantes por sus ademanes femeninos al hablar.

Vemos esta experiencia también en jefes intermedios que se escudan en cumplir órdenes superiores, mientras ejercen represión sobre sus subalternos, liberándose de la responsabilidad de sus acciones y las consecuencias que esto produce sobre otras y otros; en círculos de personas que protegen a líderes abusadores o tratan de imponer, incluso de forma violenta, sus visiones moralistas de mundo en sus contextos. Esto explica por qué por tantos siglos se ha experimentado la violencia en una especie de pirámide social donde el poder de los amos se impone sobre los hombres, quienes a su vez se imponen sobre sus esposas. Ellas descargan su importancia contra sus hijas e hijos, quienes terminan desquitándose con sus hermanas y hermanos menores o las mascotas.

En el fondo todas estas prácticas se desprenden de la ideología de la Supremacía Cristiana. Ella es el caldo de cultivo que propicia y sostie- ne todas estas formas de violencia. Reconocer cómo estos patrones se replican en la sociedad y las instituciones es tan importante como aprender a detectar la forma como nosotres mismes tendemos a reproducirlos cotidianamente en nuestras familias, instituciones educativas y comunidades, de modo que podamos comenzar a hacer cambios conscientes, desde transformaciones pequeñas y cotidianas hacia acciones de mayor alcance en los planos educativos, religiosos, políticos y estructurales.

El uso de la Biblia en el Abuso Religioso

Al igual que en la Violencia Espiritual, una de las herramientas más usadas en el ejercicio del Abuso Religioso es la Biblia. Esta se impone como la palabra de Dios literal, sin errores y con interpretaciones unívocas. Al catalogar las escrituras religiosas como infalibles, se entra en un complejo terreno donde tanto el texto original (del que también hemos perdido rastro por sus múltiples traducciones) como las miles de interpretaciones hechas de estas, no pueden ser cuestionadas —y por ende tampoco sus intérpretes— de forma que adquieren un valor especial que mantienen las estructuras de poder inamovibles y refuerzan el establecimiento de relaciones que se sostienen en la obediencia incondicional y la prohibición de cuestionar o controvertir las enseñanzas entregadas por los "líderes autorizados para enseñar la fe".

> Al igual que en la Violencia Espiritual una de las herramientas más usadas en el ejercicio del Abuso Religioso es la Biblia.

Es característico en el Abuso Religioso el uso de interpretaciones arbitrarias o descontextualizadas de los textos. Aunque hay tantas formas de entender el texto y una variedad de interpretaciones y temas a explorar, los líderes priorizan enseñanzas sobre la auto negación, el dar generosamente y sin cuestionamiento, la paz a cualquier precio entendida como ausencia de conflictos, la unidad de la Iglesia, la disciplina y la obediencia que no cuestiona. Muchas veces, quienes hacen estas lecturas son personas con muy poca o ninguna formación en cuanto al contexto cultural, social, lingüístico y simbólico de los textos bíblicos. Muchos tienden a confiar más en su propia habilidad para recibir lo que ellos consideran "revelación divina", de modo que sus interpretaciones no pueden cuestionarse exactamente por su origen divino. Es muy probable que estos líderes hayan memorizado grandes cantidades de estos textos y que esto sea utilizado como una señal de virtud o sabiduría. Igualmente podemos encontrar, casos de líderes que teniendo formación, títulos y credenciales, de igual manera, usan su conocimiento para controlar y satisfacer sus propios deseos, llegando a usar estas acreditaciones como prueba de su razón y conocimiento; creyéndose superiores a las/los demás y legitimándose delante de la sociedad y las comunidades como mediadores de la verdad.

Es importante entender que en la estrategia de interpretación que se emplea no suele tener tanto peso lo que el texto dice literalmente, es decir, lo que uno puede leer, como lo que luego se interpreta de ello. Es por eso que luego de la lectura de los textos, en un sermón o una enseñanza prosiga con frecuencia una frase como "lo que la Palabra de Dios dice", "lo que la Biblia nos dice", o "lo que Dios te dice", y que esto introduzca la interpretación particular de este líder.

CONECTA CON TUS EMOCIONES

Puede resultar difícil aceptar que la Biblia ha sido utilizada para el Abuso Religioso y legalismo religioso, cuando de seguro hemos recibido desde este mismo libro tantas enseñanzas formativas para nuestro ser. Esta tensión puede ser desconcertante y es capaz de producir una pluralidad de emociones en varios niveles. Quizás te sientas defraudada por los líderes religiosos que han usado la Biblia de esta forma o sientes desilusión al reconocer que la Biblia no es un texto infalible. Todo esto, y más, es de esperarse mientras vamos comprendiendo la historicidad de los textos y sus alcances teológicos y normativos para nuestros días. Puede que sientas temor o resistencia ante la comprensión de que la Biblia no es "la palabra literal de Dios". Toda emoción tiene su motivo de ser y merece reconocimiento.

La invitación es que tomes un momento para escribir las preguntas y reacciones que están presentes para ti. No es necesario analizar las preguntas, analizar respuestas, o interrogar tus emociones. Por hoy, solo basta con anotarlas y reconocer que son una parte de este proceso.

El Legalismo Religioso: Un constructo social

Para comprender el Abuso Religioso es importante identificar que este se produce gracias a un constructo social de premios y castigos donde las personas cifran su valía por el reconocimiento y aceptación por su "buen desempeño espiritual", o por el desprecio y condena por no estar a la altura de las "expectativas espirituales". Este sistema, que se llama el Legalismo Religioso, consiste en conjuntos de reglas y leyes morales estrictas, supuestamente basadas en la Biblia, la Palabra de Dios, que funcionan como mecanismos de control social a fin de incrementar el poder de los pastores o líderes y disminuir el cuestionamiento y agencia de la libertad en les creyentes.

La imposibilidad de vivir esta vida "perfecta", más la tendencia de organizarse en función de las necesidades del líder y no de las personas que conforman la comunidad, genera dinámicas particulares. Una de ellas es el secretismo como forma de procesar la realidad de no vivir la vida que enseñan o predican. Eso es lo que se entiende por doble moral o dobles estándares. Una serie de reglas tácitas regulan las relaciones y los comportamientos, siendo en muchos casos aplicadas con laxitud a las personas con más poder y con mayor severidad a los más vulnerables al interior de la estructura religiosa. Los conflictos no se abordan de manera abierta y transparente, sino que se hablan en clave, de forma indirecta o simplemente no se nombran. Cuando alguien intenta hacer evidentes estas anomalías, será fácilmente etiquetada como persona problemática, inmadura, conflictiva, no creyente, débil en la fe, o no solidaria con sus hermanes.

Es común en estos sistemas recurrir al miedo, la vergüenza y la culpa para coaccionar a las personas para actuar conforme a las normas establecidas. Es también frecuente que los líderes ataquen, pisoteen o debiliten la reputación de alguna persona en sus cualidades de "buen cristiano" "persona decente" o "aceptada por Dios", en cuando estos se sientan amenazados o cuestionamiento. De allí que avergonzar en público es una práctica abierta y normalizada. Las personas aprenden que el amor y la aceptación se ganan y se conservan mediante la docilidad, el servilismo y la obediencia.

El control es sumamente importante en este tipo de espacios. Por estar la aprobación y aceptación basadas en el desempeño, cometer errores, fallar a los estándares, o manifestar algún desacuerdo, se paga con un alto precio. El recurso al enojo explícito, la culpa, la mentira o la racionalización no son infrecuentes. Se aprende a ser juez y crítico de otras y otros al cultivar la idea de superioridad moral. Muchas veces consejeros, ayudantes o guías espirituales son parte de este engranaje de control; al dirigir sus consejos o recomendaciones en la línea de los deseos y bienestar del líder y no de las necesidades de las personas.

El Abuso Religioso de cada día

Como ya le hemos mencionado en otras partes, una de las primeros pasos para superar y encontrar alternativas de respuesta y transformación de estas prácticas violentas, pasa por la toma de conciencia de las maneras como, en este caso el Abuso Religioso, se ha manifestado en nuestras historias personales, familiares y eclesiales, quizá incluso sin darnos cuenta. Reconocerlas y nombrarlas es muchas veces el primer paso para hallar nuevos caminos.

Podemos decir que hemos sido blanco del Abuso Religioso cuando:

- Hemos recibido la enseñanza, adoctrinamiento o discipulado de personas con poder religioso-espiritual, institucionalmente avalados y estos han utilizado esta posición para controlar o manipularnos con el fin de obtener beneficios o gratificación para sí mismo.

- Se nos ha enseñado que no podemos disfrutar una espiritualidad plena si no es con la guía de un líder o una comunidad que promete tener todas las respuestas.

- Hemos temido cuestionar a un líder por tener este una posición privilegiada y legitimada por una potestad divina o una estructura religiosa.

- Hemos aprendido a ver como "normal" que los líderes ataquen la reputación de personas, etiquetándolas como "malas", "indecentes", "no aceptados por Dios", "perdidas", "desertoras", "desviadas", "mundanas", "jezabeles", "insujetas", u otros adjetivos para referirse a quien no se somete a la autoridad establecida.

- Necesitamos la aprobación de un líder para sentir que "vamos bien" en nuestro camino espiritual.

- Nos hemos acostumbrado a ver contradicciones entre lo que el liderazgo de la comunidad religiosa enseña y lo que hace, pero lo hemos callado porque no se puede hacer nada.

- Nuestras opiniones y sentimientos no fueron tomados en cuenta, sino que prevalecieron las del líder a cargo del grupo o comunidad.

- Hemos escuchado o hemos llegado a creer que nuestra espiritualidad es "defectuosa", o "no alcanza el nivel esperado" por juicios de un líder religioso o su grupo de seguidores.

- Hemos recibido de directa o indirectamente alguna forma de regaño, reprimenda, exclusión o castigo al atrevernos a cuestionar o no seguir alguna enseñanza dada por la comunidad o su líder.

- Se nos ha familiarizado mediante amenazas y castigos, con el miedo, la culpa y la vergüenza como emociones frecuentes asociadas a la fe y la relación con Dios.

- Hemos encontrado incoherentes, dudosas, difíciles de aceptar, algunas interpretaciones de la Biblia, no hemos dicho nada por venir de una persona con autoridad.

- Hemos desarrollado una doble vida con tal de aparentar en la comunidad o ante el líder lo que esperan que seamos, aun cuando no estemos convencidos de ello.

- Hemos elevado la obediencia al nivel de valor supremo esperado por Dios, obedeciendo incluso en contra de nuestra propia conciencia.

- Hemos aceptado como normales los discursos que enfatizan en el sometimiento de las mujeres, la sexualidad heterosexual como la divinamente diseñada, el matrimonio y la reproducción como los fines más nobles de los vínculos humanos, o hemos enfrentado juicios y condenas por no estar de acuerdo con esto.

- Se nos inculcó la imagen de un dios masculino, severo, castigador, que permanece en juicio constante de nuestros pensamientos y acciones.

- Nuestro mundo religioso se describe en imágenes y sentimientos de confusión, duda, culpa, desesperanza, miedo de fallar, sentimientos de ser inadecuado, enojo, desesperación, frustración; entre otros.

- Por nuestro género, orientación sexual o condición física se nos ha negado la posibilidad de realizar nuestra vocación ministerial o asumir cargos de liderazgo y guía en nuestras comunidades e iglesias.

CONECTA CON TU CUERPO

Una vez hemos podido reconocer las huellas traumáticas o las marcas que ha dejado la violencia Espiritual, o el Abuso Religioso en nuestra psique y en nuestro cuerpo, y que hemos reconocido los sentimientos y emociones que estas huellas nos suscitan, es importante ofrecernos espacios de restitución, acciones pequeñas y cotidianas que nutran nuestro amor propio, nuestro autocuidado, y nuestra capacidad de sanar en comunidad. Entre estas rutinas un automasaje resulta verdaderamente restituyente. Aquí una propuesta vivida con algunos grupos de sanación:

Ten a mano un limón pequeño que no esté tan maduro. Con música de fondo y creando un ambiente íntimo sea en grupo o individualmente, puedes comenzar acostándote en el suelo y soltando el peso de tu cuerpo en el piso, en una manta, colchoneta o en el césped. Tomas conciencia de todo tu cuerpo desde los pies hasta la coronilla y conectas con el ritmo natural de la respiración presente en tu cuerpo. Si lo deseas puedes ampliar y profundizar la respiración contactando con el ritmo de la respiración de la tierra bajo tu cuerpo.

Puedes abrir los ojos, tomar el limón con una mano y comenzar a hacer un masaje circular con el limón a partir de tu cabeza. A medida que quieras puedes ir sentándote y explorando formas de darte un buen automasaje con el limón, esta vez comenzando desde la cabeza y bajando lentamente, por todo tu cuerpo, sintiendo la textura y tal vez disfrutando del olor cítrico que va dejando en tu piel y en tu ropa. Si estás en grupo, en el momento en que llegues a lugares que no alcanzas fácilmente como la espalda, puedes pedir a una de las compañeras, para que con tu limón te ayude a masajear esas partes y a la vez tu puedes ayudarle de igual forma con su propio limón.

Por último una vez llegues a los pies puedes rotar el limón con la planta de los pies sobre el piso estimulando toda la planta del pie especialmente algunos puntos que resulten dolorosos y que manifiesten tensión. Luego con gratitud puedes sembrar el limón en la tierra o al lado de un árbol para que sirva de abono. Esto porque, por sus propiedades, este limón ha absorbido bacterias o algunas toxicidades, y así evitaremos que pueda ser consumido por alguien sin saber.

Sanando las heridas del Abuso Religioso

Probablemente una de las realidades que más debemos abrazar en cuanto a la sanidad del Abuso Religioso es que este es un proceso lento y complejo. Lo es, primero porque algunas de las heridas son profundas y podremos detectar sus impactos una y otra vez manifestándose en diferentes etapas y momentos de la vida. Por otra parte, por estar nuestras culturas entretejidas con muchos y diversos hilos que se desprenden de los legados religiosos violentos, originados en la conquista y la colonia, sabemos que el sufrimiento, los desencuentros, las luchas por la igualdad y el poder son y serán constantes que, mientras no se superen, continuarán causando nuevas heridas o ahondarán las ya existentes.

> Probablemente una de las realidades que más debemos abrazar en cuanto a la sanidad del Abuso Religioso es que este es un proceso lento y complejo.

Más, si bien reconocemos las limitaciones de incidir a niveles globales e institucionales, también sabemos del potencial transformador de las pequeñas prácticas cotidianas, la fuerza de la unidad y la solidaridad entre la gente pequeña y de a pie que se compromete con cambios personales y locales, creando vínculos de restitución y soporte mutuo y espacios de apoyo, renovación y sanidad. Lugares donde les victimes recuperen su voz, su valía y su libertad. Espacios para nombrar y resignificar las historias propias y compartidas. Si algo hemos aprendido en las últimas décadas, es que es central para los procesos de liberación el comenzar por nombrar lo que antes no se nombraba. Por tanto, acuñar términos como Violencia Espiritual o Abuso Religioso es ya un acto revolucionario.

Para personas que crecieron en espacios religiosos fundamentalistas y mucho más en el caso de aquellas y aquellos que lo hicieron durante la niñez y juventud, podemos esperar que sean necesarios constantes procesos de sanidad y consolación. Eso no quiere decir que dejen de gozar de momentos de celebrar, disfrutar y crecer en la satisfacción de encontrarse con nuevas formas de comunidad espiritual, vitales para un camino de sanación; sin embargo, abrazar el lado doloroso de este proceso nos ayudará a adentrarnos verdaderamente en la complejidad de los daños y por ende, en el planteamiento de las mejores estrategias para sanarlos.

> Acuñar términos como Violencia Espiritual o Abuso Religioso es ya un acto revolucionario.

SENTIR, RECONOCER Y ABRAZAR: Sanar implica inevitablemente sentir, reconocer y abrazar nuestras emociones. Uno de los elementos constantes en las dinámicas de Abuso Religioso tiene que ver con el no reconocimiento de la voluntad, pensamientos y emociones de la persona abusada. Las situaciones de abuso suelen llevar a las personas a una posición donde no les es posible manifestar las emociones y pensamientos que experimentaron al momento de vivir los abusos. Toda esta energía no liberada genera lo que conocemos como trauma. Es por esto que un proceso de sanidad debe dar oportunidad a estas emociones y pensamientos de salir y ser recibidos en dignidad por un contexto o una comunidad que los reconozca y valide. Su expresión puede ser dolorosa, pero a la vez, será efectiva y enormemente liberadora

CREAR ENTORNOS SANADORES: Sanar requiere compañía y apoyo de otras personas. En las experiencias espirituales tiene un importante papel la comunidad por lo que esta es fundamental para generar y contener procesos sanadores. Podemos experimentar sanidad en muchos escenarios y de muchas formas: ya sea en grupos de apoyo, conversaciones con amistades, familiares, con otras sobrevivientes o bien espacios de meditación y de arte. Necesitamos crear espacios de encuentro con personas que estén avanzando en este camino de sanación personal y colectiva y comprendan lo que se experimenta al caminarlo.

COMPARTIR NUESTRAS HISTORIAS: Es sorprendente lo que puede lograrse al compartir nuestra historia con otras personas. Lo hemos vivido en los espacios de apoyo y encuentro que impulsaron el nacimiento de este material escrito. Compartir nuestras memorias dolorosas y nuestros sentimientos en un espacio seguro y confiable, no solamente nos ayuda a tomar consciencia de las implicaciones de nuestras vivencias, sino que anima a otras y otros a salir al frente, a manifestar sus dolores y compartir sus historias, al ver que no están solas. A la vez nos ayuda a desarrollar empatía para comprendernos mejor y tener paciencia entre unes y otros, mientras aprendemos mutuamente sobre la diversidad de formas y oportunidades de sanidad que la vida y una espiritualidad liberadora nos ofrecen.

PROMOVER LA REGULACIÓN LEGAL: A la par de estas acciones personales y comunitarias, es importante tomar en cuenta abordajes más amplios que incidan en los ámbitos sociales de forma interdisciplinaria. Hablamos de poner el diálogo disciplinas que comprendan el funcionamiento de las dinámicas sociales, la incidencia de los discursos religiosos y las relaciones de poder para generar acciones colectivas que repercutan en marcos más amplios de ética y justicia social.

Así como en las instituciones gubernamentales, empresas y espacios de familia se han implementado códigos y protocolos para identificar e intervenir el acoso laboral, el abuso de poder, la violencia de género, la violencia intrafamiliar, el enriquecimiento ilícito y el acoso sexual, entre otros; los entornos religiosos como configuraciones sociales deberían entrar también dentro de los marcos regulatorios de la ley, marcando de forma clara y consistente cuando las relaciones ejercidas en estos contextos implican abusos; tomando en cuenta las configuraciones particulares que tiene lo que se denomina como religioso o espiritual.

CREAR DIÁLOGOS INTERSECCIONALES: Hablar de lo religioso o espiritual implica en sí una serie de complejidades, por lo que muchos espacios sociales, incluidos los sistemas judiciales, han elegido hacerse a un lado, dejando el tema en la categoría de jurisdicción aparte, o bien en las manos de los encargados de tales espacios. El reto implica entonces poder iniciar un diálogo entre las diferentes instancias y disciplinas sociales en busca de llegar a acuerdos tal como se ha realizado en el campo de la violencia de género, el acoso laboral o la violencia doméstica. Por ejemplo, países como Canadá e Israel, ampliaron su legislación en cuanto a la criminalización de las relaciones sexuales consensuales entre adultos si el consentimiento se obtuvo a través de abuso de autoridad, incluyendo los que se presentan en espacios religiosos.

FE EN EL PROCESO: Sanar toma tiempo. La idea de que las cosas toman tiempo no es atractiva en un mundo que cada día nos presiona con acelerar los procesos al punto de creer que lo mejor sea negar el dolor y las situaciones que lo produjeron. Ante las secuelas de la Violencia Espiritual y el Abuso Religioso, es importante caminar con la convicción de que se sana mientras se vive, se vive mientras se sana. Esta conciencia nos permitirá avanzar en comunidades de sanación, celebrando los pasos dados sean grandes o pequeños, así como acogiendo amorosamente los pasos que aún nos faltan.

PREGUNTAS PARA DIALOGAR

INTEGRACIÓN DE CONCEPTOS

- De acuerdo a tu entendimiento, ¿Qué son las Relaciones de Vasallaje? ¿Por qué es importante conocer estas relaciones para entender el patrón original del Abuso Religioso?

- Según tu experiencia, ¿Cómo has presenciado el Legalismo Religioso?

REFLEXIÓN

- Después de leer este capítulo, ¿Qué situaciones deseas superar para tu desarrollo espiritual?

- ¿Cuál fue tu reacción al leer la lista que describe cuando hemos sido blanco del Abuso Religioso?

- ¿Cuáles estrategias para activar el proceso de sanación del Abuso Religioso han resonado más para ti?

- Hasta este momento, ¿Qué entiendes acerca del proceso de sanación del Abuso Religioso? ¿Qué preguntas o inquietudes aún permanecen?

Análisis

- ¿Qué conexiones encuentras entre el Sistema del Vasallaje y el mal uso de la Biblia?

- ¿Qué se entiende como el patrón original del Abuso Religioso?

- ¿Cómo se desarrolla el Legalismo Religioso favoreciendo el Abuso Religioso?

5: Trauma Espiritual

El término Trauma Espiritual refiere a las consecuencias, marcas o memorias dolorosas que continúan afectando, con el paso del tiempo, la vida de las personas o grupos que han sido víctimas de la Supremacía Cristiana, la Violencia Espiritual, el Abuso Religioso o el Terrorismo Espiritual.

La palabra trauma viene del griego y se usaba en lenguaje médico, para referirse a las huellas que quedaban en el cuerpo después de un golpe o una herida, así como al momento o circunstancias en que estas heridas fueron causadas. Literalmente, trauma era sinónimo de herida o marca, y un evento traumático constituía un hecho o experiencia con la fuerza suficiente para impactar profundamente y dejar marcas duraderas en la vida o el cuerpo de una persona.

El uso de la palabra se fue ampliando a otras disciplinas como la psicología y la psiquiatría, refiriéndose a los hechos emocionalmente fuertes que viven las personas y que dejan en ellas huellas o heridas tanto físicas como emocionales que perduran en el tiempo. Un trauma se caracteriza por dejar impresiones intensas y profundas; huellas inconscientes que continúan manifestándose tiempo después de los hechos traumáticos en forma de temor, desconfianza, odio, confusión, sensación de abandono o extravío; o incluso síntomas físicos y enfermedades, que suelen denotarse y reaparecer siempre que la persona vuelve a experimentar eventos similares.

La experiencia del Trauma Espiritual encuentra en la cultura múltiples manifestaciones en forma de represiones, censuras y agresiones; silenciamientos, temores e inseguridades, e igual que muchos otros traumas, requieren todo un proceso para su sanación. En este proceso, la comprensión de las formas como estos se quedaron grabados y siguen funcionando en nuestras vidas, es clave para dar pasos que permitan soltarse de sus influencias y crecer hacia nuevas experiencias de libertad.

La historia de nuestros países se construyó sobre una narrativa de injusticia y violencia que nos conformó para pensar, creer y vivir como señores o vasallos, dominadores o dominados: personas con poca o ninguna agencia sobre nuestra vida y nuestra espiritualidad o como capataces de la vida y la espiritualidad de los demás. Las mayorías aprendimos a existir despojadas de nuestros cuerpos y cargando culpa, miedo y vergüenza como las rutas conocidas y familiares. En lugar de hablarnos de una divinidad que nos abraza tal y como somos que celebra nuestras vidas y sufre con nosotres, nuestro mundo espiritual nos fue dibujado como un universo habitado por deidades crueles, violentas, misóginas, patriarcales, homofóbicas, transfóbicas, racistas y clasistas. Se nos enseñó a creer en una divinidad que auscultaba lo más íntimo de nuestros actos y nuestros pensamientos en busca de la mancha, del error o del pecado y que a su vez era representado en la historia por estructuras opresoras e inamovibles.

Esta historia nos obligó a vivir como sobrevivientes: víctimas y a la vez, cómplices en la reproducción de estas estructuras de violencia que han dejado sus marcas dolorosas en nuestros cuerpos, mentes y espíritus. A esta experiencia dolorosa la podemos llamar Trauma Espiritual, concepto clave para entender cómo las violencias vividas quedan grabadas en las personas y, mientras estas no sanan, continúan reproduciendo más violencia.

Las huellas del Trauma Espiritual pueden muchas veces estar conectadas a pensamientos constantes de culpa, vergüenza, o impureza; rabia y resentimiento, o miedo a no ser suficientes, como dignidad a medias, asociada a las representaciones e ideas religiosas impulsadas por la Supremacía Cristiana, y grabadas en la psique individual y colectiva, replicándose día a día en todas las capas sociales.

De esta manera, la Violencia Espiritual encuentra sus hilos tejidos en la cotidianidad de las familias, las escuelas, los gobiernos, las instituciones y extiende sus efectos a casi todas las áreas de la vida: autoestima, amor, pareja, sexualidad, relaciones familiares, roles sociales, amistad, trabajo, economía, participación ciudadana, etc.

Los sistemas religiosos, históricamente aliados a sistemas patriarcales-capitalistas, cuentan con mucha fuerza para seguir reprimiendo a las víctimas y sobrevivientes desde sus varias instancias sociales. Esta estructuración social impone una constante censura a la posibilidad de expresar abiertamente la diversidad, o el malestar por estas formas de agresión. Esto es exactamente lo que alimenta lo traumático de la experiencia ya que resta las posibilidades de diálogo, disenso o crítica a los paradigmas impuestos... A continuación una experiencia de vida que nos ayuda a entender mejor los entramados de estos sistemas.

SARA

Sara tenía 21 años y era la menor de tres hermanas en el seno de una familia cristiana. Siendo estudiante de universidad, inquieta y sensible a la realidad social, se integró a un grupo de jóvenes misioneros, en el que comenzó a enamorarse de Jesús y de su mensaje de amor para todos. Pero algo sucedió cuando en uno de los grupos de misión conoció a una chica, con quien después de un tiempo de amistad, comenzó a tener su primera experiencia de noviazgo con una persona de su mismo género. Pese a la alegría que sentía en el corazón de encontrar con quien compartir su espiritualidad, temía que las personas del grupo se enterasen pues ya había escuchado a algunos de sus compañeros burlarse de otras mujeres o personas diversas y hacer comentarios como: "Por ahí va y resulta lesbiana"

La relación creció a escondidas y cargada de temores, hasta que decidieron encarar a sus familias. La mamá de su pareja comenzó a enviarles videos que afirmaban que la homosexualidad era un pecado y las personas homosexuales se irían al infierno. Esto acompañado de miradas de rechazo e indiferencia al asistir juntas a la iglesia

Por su parte, los padres de Sara, solo atinaron a desestimar sus sentimientos: "tú qué vas a saber de amor…", "Eso no es amor eso es una enfermedad, eso no es de Dios", "Dios hizo al hombre y a la mujer como complemento. Punto. No hay más, y así lo dice la Biblia."

Ella en su alma albergaba el sueño de ser misionera o religiosa, sin embargo su acompañante espiritual una vez, hablando de su propia hermana, dijo: "ahora dizque quiere ser monja, mmm mañana le dará por ser lesbiana" tratándole de explicar que su hermana no sabía qué quería hacer con su vida. Esto llevó a Sara, a grandes temores y desconfianzas con respecto a ser ella misma, a mostrarse en sociedad tal como ella era, a creer que podría desarrollar su vocación de servicio y a guardar en su interior dolor y rabia con esa figura de Dios que siendo tan bueno la excluía de su gracias y de su amor.

Es largo el camino que Sara ha tenido que recorrer, para superar su miedo y su culpa, para reconciliarse con sus recuerdos y recuperar su profunda y sincera conexión con Dios, por sobre todos los rostros desdibujados que le enseñaron, y encender de nuevo la fe y la esperanza en su corazón.

Abuso sexual y el Abuso Religioso

Es importante notar las similitudes existentes en las formas en que las víctimas de Abuso Religioso y abuso sexual narran los detalles de estas terribles experiencias vividas. De la misma manera podríamos entonces hablar de la complejidad del tejido y la profundidad de las heridas que ambas experiencias generan. Consideremos la experiencia de Amanda.

AMANDA

El cuerpo de Amanda nunca pasó desapercibido. Era grande y de caderas anchas: a todos les parecía que aparentaba mayor edad de la que tenía. También fueron siempre frecuentes los comentarios sobre su cuerpo como un problema: "Amanda, siéntate bien que se te ven los calzones. Amanda ese pantalón te queda muy apretado. Amanda esa falda se te ve muy corta."

En la iglesia no era diferente. Amanda como adolescente recibía mucha atención, en especial de los hombres. Muchos chicos querían hablarle y ser su pareja. A diario le hacían comentarios sobre su apariencia, o sobre lo linda que era. También las mujeres, especialmente las líderes, se acercaban para hacerle recomendaciones sobre su forma de vestir y conducirse con los hombres. "Amanda, no seas seductora. Vístete decorosamente para que no pongas en tentación a los hermanos de la iglesia. Amanda, se te ven mucho las piernas, usan faldas más largas. Amanda, no seas un instrumento del enemigo para que otros caigan."

Un día uno de sus líderes, en el que Amanda más confiaba, le dijo que necesitaba hablar a solas con ella. Le dijo que Dios le había mostrado que un espíritu de seducción y lujuria estaban conectados a su cuerpo y que ella debía liberarse. Amanda estaba muy asustada. No sabía qué pensar o hacer. Este líder le ofreció orar por ella. Amanda, muy confundida, accedió a la oración. Mientras oraba, su líder le dijo que necesitaba ministrar las partes de su cuerpo que tenían el problema. Comenzó a tocarla. Amanda deseaba salir corriendo, pero simplemente no podía. Se desgarraba en su interior en un grito desesperado que nunca pudo salir de su boca.

Esa misma noche, mientras estaba en su cama, se recriminaba: ¿por qué no hizo nada? ¿por qué se quedó allí inmóvil? A este pensamiento procedió el de una profunda culpa que le susurraba al oído: "es tu cuerpo... tu cuerpo es el problema."

En experiencias como estas, una de las primeras similitudes que podemos notar entre el abuso sexual y el Abuso Religioso tiene que ver con las personas que perpetran el abuso. Este ocurre en espacios que se presentan como seguros y con personas en las que confiamos, porque en principio deberían merecer nuestra confianza, y con las que elegimos ser vulnerables. Llámese pastor, cura, sacerdote, consejero, discipulado, guía espiritual, una madre, un padre, un tío o tía. El factor común en esa relación es la convicción de que esta persona procura nuestro bien, nos aprecia, sabe más que nosotras y nosotros o, en categorías religiosas, ha sido elegido por Dios para ser nuestro maestro en el camino espiritual, por lo que indefectiblemente cuidará de nosotres como un "buen pastor".

Otro punto en común tiene que ver con la conciencia de lo vivido. Al igual que las víctimas de abuso sexual, en el Abuso Religioso las personas pueden llegar a darse cuenta de la violencia experimentada, posteriormente a haberla sufrido. Llegar a reconocer los elementos que caracterizan el Abuso Religioso requiere de una serie de acercamientos a perspectivas distintas de aquellas que le fueron dadas como reales y únicas y que fueron exactamente las que habilitaron el escenario de abuso. Lamentablemente, no siempre las y los sobrevivientes tienen la oportunidad acercarse a estas otras visiones de mundo y vida, y terminan, al igual que en el abuso sexual, excluidas, silenciadas; o percibiéndose a sí mismas como culpables y responsables de lo que les ocurrió y sin alternativa de sanación.

Se puede también mencionar como otro de los escenarios compartidos entre el abuso sexual y el Abuso Religioso el del engorroso proceso que implica denunciar ambas formas de violencia. Exactamente por las creencias culturalmente compartidas que subyacen las dinámicas de abuso sexual y religioso, dar el paso de hacer una denuncia formal o informal implica de forma inmediata el tener que sobrellevar nuevas manifestaciones de violencia, juicio, agresión y ataques. En el momento en que el discurso y acciones de la Supremacía Cristiana son elevadas a nivel de incuestionables y divinas, no queda para los y las sobrevivientes más que la asignación de culpas, la duda y los cuestionamientos de sus relatos, o finalmente, la exclusión de sus grupos o comunidades de fe.

CUANDO LO VIOLENTO SE VUELVE FAMILIAR

Uno de los aspectos más complejos en cuanto al abordaje de la Violencia Espiritual y el Abuso Religioso es lo familiares que se han convertido; tan así que llega a sentirse como que "así son las cosas", puesto que de alguna forma aprendimos a vivir así. Han sido tantos siglos del establecimiento y el fortalecimiento de esta cultura predominante, que cuando se cuestiona alguno de sus elementos y los impactos agresivos y violentos que ejercen sobre la dignidad de las personas, el sentir más generalizado es como si se estuviera haciendo algo incorrecto.

La creencia afianzada durante cientos de años es la imposibilidad de que lo religioso haga daño alguno. A nivel macro, esta representación social de lo divino-religioso es utilizada entonces por diversos grupos de poder para conseguir sus fines de dominación y conquista espiritual, social, económica y política; mientras que a todos los niveles, sustenta la base de relaciones de abuso desde los entornos íntimos y cercanos, a los entornos sociales o institucionales.

Tenemos así que, a nivel de las representaciones de lo religioso en nuestros países, la imagen de deidad más familiar, es la de una deidad latino-colonial: un dios de furia, macho, castigador, implacable, lleno de juicio, que bajo la idea de amor omnipotente exige todo honor y obediencia: Imagen impresa en nuestras fibras más íntimas a través de las figuras de nuestros padres, tíos, abuelos y líderes espirituales. De la mano de esta representación se cuelgan una serie de mandatos que propician relaciones de sujeción absoluta, imposibilidad de cuestionar, imposición de formas de vinculación como el matrimonio o la heterosexualidad. Se incluyen aquí también las divisiones de clase, género, raza, entendidas como divinamente diseñadas.

Esta familiaridad con dichas formas, lleva en muchos casos a suponer que así son las cosas, que así han sido siempre y que así serán en el futuro. Que no hay manera ni motivo para cambiarlas y que quienes las contradicen son gente rara, insurgente y constituyen un peligro para el orden establecido. La violencia se va haciendo parte de nuestras vidas, impidiéndonos reconocer y expresar los dolores, las frustraciones y los daños experimentados, o llevándonos, como ya lo hemos dicho, a ser sus cómplices y reproductores.

La experiencia de Nuscaa nos revela los entretejidos del colonialismo y las religiones fundamentalistas. Cuando estos dos fenómenos se unen, la hostilidad, la intolerancia y las violencias ejercidas, incluso hasta la mutilación y o la muerte pueden causar hondos traumas espirituales, tanto a nivel personal como colectivo.

NUSCAA

Nuscaa nació y creció en el seno de una comunidad maya en Centroamérica, en medio de una sociedad mayoritariamente cristiana. Durante sus primeros años aprendió de su abuela, su madre y las mujeres de la comunidad, los rituales y las enseñanzas de sabiduría de las ancestras, mientras que en la escuela local recibía los contenidos obligados del pensum en las clases de religión, y participaba con sus compañeres de las celebraciones y prédicas de las fiestas religiosas. Por su sensibilidad espiritual se identificaba con lo que escuchaba sobre Jesús, el Maestro de Galilea a quien ella relacionaba con las historias de sus ancestres y sus actos de heroísmo y defensa de la vida, pero al mismo tiempo sufría la discriminación por pertenecer a una comunidad que a pesar de haber sido "cristianizada" seguía conservando en el interior de su vida cotidiana las prácticas y los rituales tradicionales.

Por épocas, la hostilidad de los lugareños crecía, instigada por las prédicas de sacerdotes y/o pastores que, desde los púlpitos, tachaban de paganas y prohibidas las prácticas religiosas ancestrales. Para una de estas épocas, en que la presión llegó a extremos dolorosos de persecución y amenaza, Nuscaa ya contaba con 14 años y ayudaba en la preparación del altar para las ceremonias de fuego y las ofrendas del maíz.

La presión creció tanto que les mayores decidieron recogerse y ejercer en privado sus oraciones. Sin embargo, como en las épocas de la inquisición, los rumores de los vecinos alcanzaron al viejo Izamal, tío abuelo de Nuscaa. Una de aquellas madrugadas su casa amaneció en llamas y, junto con sus humildes pertenencias, el cuerpo del tío Izamal abrazado por el fuego.

Nunca se supo quien lo hizo. El hecho quedó impune, y la comunidad adolorida y menguada por la pérdida de esta importante guía de la comunidad. Desolades y atemorizades también quedaron les jóvenes y niñes que con Nuscaa frecuentaban su rancho después de la escuela para escuchar sus historias.

Les amigues de la comunidad aún nos preguntamos: ¿Es posible ser cristiano y guardar tanto odio en el corazón? ¿Quién puede creer que matar es un acto de amor a Dios? ¿Quién puede creer que el dios de Jesús puede bendecir el terror? Las mujeres de la comunidad, avezadas en el dolor y la exclusión, continúan sosteniendo e inspirando: saben que más allá de la mezquindad humana, el gran espíritu, la Diosa Madre, la fuente de la creación, les da fuerza para creer, crear, sanar y seguir trabajando por la unidad y el bienestar de todes les seres.

Nuscaa ha tenido que reconstruir día a día su esperanza, su sentido de valía personal y su certeza en los valores ancestrales tan deslegitimados por los discursos que escuchó en la escuela. Y hoy, continúa su preparación. Sabe que ella es la "tierra nueva", y que está llamada a continuar sosteniendo la sabiduría antigua de su pueblo. En el patio de su casa, continúa reuniendo a les más pequeñes, contando las mismas historias que recibió de su madre, su abuela y el viejo tío Izamal.

---

i   Significado del nombre "Nuscaa" para la cultura maya.

Así como en el caso de Nuscaa, toda aquella herencia violenta va produciendo el deterioro de las personas y las comunidades en su ser más básico. Es común que las personas o los grupos que han sido víctimas de Violencia Espiritual y Abuso Religioso se esfuercen de forma constante por reconocerse a sí mismas como seres humanos merecedores de dignidad. El desmontaje o el desmoronamiento de la identidad y luego la imposición de una formas particulares de ser persona que se desprende de la Supremacía Cristiana terminan por generar múltiples conflictos a nivel espiritual, psicológico, físico y relacional. Las personas que han sido sometidas a estas formas de violencia se debaten de forma constante entre etiquetas de pureza e impureza, entre la idea de santidad y pulcritud eclipsadas por el terror de la impureza, de ser señaladas como putas, desviadas o niñas malas, más aún si se atreven a denunciar el abuso.

Palabras de cierre

A través de las narrativas compartidas constatamos que los caminos hacia la sanidad son procesos lentos que requieren paciencia y creatividad. Encontrar salidas hacia la sanidad implica reandar los caminos y las rutas por las que se ha filtrado la Supremacía Cristiana con sus mandatos y acusaciones, y comprender las formas como estos han penetrado nuestros más íntimos pensamientos y nuestras prácticas cotidianas. También es de gran importancia dilucidar las formas en que los Traumas Espirituales, causados por estas violencias, permanecen hasta hoy afectando nuestra vida, nuestro autoconcepto, nuestras decisiones y el pleno ejercicio de nuestra autonomía y libertad.

Debemos ir a lo profundo de la psique individual para sanar los miedos, las culpas y las vergüenzas; la confusión, el dolor y la sensación de ultraje y al mismo tiempo conectar con las fuerzas de la vida que permiten recordar la valía personal y las capacidades resilientes de cada ser. Tendremos que rehabitar con nuevos lenguajes y prácticas respetuosas las casas y los entornos familiares; trabajar con madres, padres, hijes, vecines y parientes para reconfigurar espacios de amor y aceptación en donde antes, tal vez, primó el juicio y la exclusión.

Necesitaremos también recorrer de nuevo las esquinas del barrio, y los lugares de encuentro de la comunidad y de la Iglesia, para deconstruir los discursos de odio y estigmatización reemplazándolos por prácticas de respeto, valoración y dignidad de todo ser viviente. Anudar de a poquito las tramas de la desconfianza y la competencia para recrear nuevas formas de encuentro, solidaridad, colaboración y reconocimiento mutuo en medio de las diversidades.

Y tendremos que, finalmente, reandar la fe, la Biblia y la espiritualidad: volver a leer los textos espirituales con ojos nuevos, con la conciencia de los años y kilómetros que nos distancian de sus autores, haciendo uso de las herramientas liberadoras de las hermenéuticas que hoy nos ofrecen las exégesis contextuales de la Biblia. Asumir con confianza el reto de preguntar, cuestionar y buscar nuestras propias respuestas en comunidad. Y de este modo volver a las escuelas, a los institutos, a las universidades, y a los seminarios llevando y trayendo preguntas, desajustando los argumentos de autoridad y permitiéndonos la construcción colectiva de nuevos conocimientos, nuevos lenguajes, nuevas teologías y nuevas espiritualidades.

La pregunta de si se puede volver a creer y para qué, toma tiempo. Los impactos de las heridas no siempre son sencillos de reconocer tanto por su familiaridad como por la inconsciencia de los mismos. Escribimos este material, precisamente para traer a la consciencia estas realidades; tan diarias pero tan ocultas, tan dañinas pero tan resguardadas, tan antiguas y, es nuestro empeño, tan a las puertas de transformarse.

Como activistas cristianas, creyentes en el poder de la unidad y la sanidad, convencidas en la fuerza reparadora de una fe liberadora, sabemos que la invitación no es sencilla. Sanar duele. Sanar da miedo. Sanar, en muchos casos, nos ha llevado a ser juzgadas, quizá atacadas, o incluso dejadas de lado. Quienes nos precedieron en esta tarea lo vivieron también. A la vez, reconocemos que sanar es vivir. Levantarnos cada mañana con ganas de recrear la vida, la nuestra y la de otros y crear, incluso desde las cenizas, esa persona que deseamos ser.

Sanar es liberarse poco a poco de los miedos y celebrar la posibilidad de cambiar paso a paso la propia historia. Sanar es atreverse a encontrar una nueva familia, una nueva forma de ser en comunidad; es vernos a los ojos, abrazarnos, reconocer nuestras fortalezas y fluir desde el poder transformador de nuestras cicatrices; para comprobar, una y otra vez, que el mal que se infringió sobre nuestras vidas, la divinidad en su bondad magnificente puede transformarlo en una fuerza imparable para la libertad de muchas y muchos, por generaciones.

En lo personal, estamos aquí como personas creyentes: víctimas y sobrevivientes de estas violencias; lideresas espirituales de diversas tradiciones religiosas. Como tal, estamos convencidas de la posibilidad de crear espacios espirituales inclusivos y cuidadosos, y estamos dispuestas a unirnos para echar una mano. Nos fuimos encontrando en el camino y nos fuimos reuniendo en la comunidad de Las Sinvergüenzas. Esperamos que este encuentro y este material nos permitan continuar dilucidando las tramas de las heridas, creando canales de escucha y comunicación y aventurar caminos de sanidad y restitución para todes.

La Comunidad de Las Sinvergüenzas

Resignificando para Resistir

Sinvergüenza: adjetivo · nombre común

"Que obra o habla *sin comedimiento* o *respeto* y con *descaro*.
Que se comporta de forma *inmoral*. *Picarona, bribona*.
Que comete actos *ilegales* en provecho propio.
Desfachatez, falta de *vergüenza*."

Desde niñas, nuestras madres y padres nos dejan claro que no desearían para nosotras que seamos vistas como sinvergüenzas, atributo reservado para las "malas mujeres o personas raras". Por el contrario, nos han demarcado la conducta "ideal" de una buena mujer: comedida en su hablar, obediente de las normas y moralmente correcta. Ser buen cristiane consiste en ser alguien sumisa que no contradice a su padre, maestro, jefe, cura o pastor: "Calladita, es más bonita".

En este escenario surge la comunidad de Las Sinvergüenzas; un rostro vivo de la resistencia en el que podemos inspirarnos. Este grupo reúne a teólogxs y activistas queer-feministas que unen sus esfuerzos para crear comunidad, conocerse y apoyarse. Mujeres y hombres maricas, personas queer y no binarias, seres valientes que trabajan en diferentes espacios de las iglesias, la academia, los movimientos sociales; que promueven un mejor mundo en las calles, en las familias y en las instituciones.

Ante el despliegue de recursos por parte de grupos fundamentalistas (tanto en las iglesias católicas como evangélicas) que buscan el debilitamiento de los derechos básicos y la dignidad humana, Las Sinvergüenzas se levantan para llamar la atención al identificar estas tendencias como una amenaza directa a sus apuestas de vida y dignidad, asumiendo el protagonismo de un llamado urgente a la acción.

De forma creativa y esperanzada, Las Sinvergüenzas se organizan para movilizar recursos y estrategias que fortalezcan a sus colegas a la lo largo del continente: estrechando lazos, invitándoles a trabajar en conjunto, desarrollando respaldo teológico para sus posicionamientos, aprendiendo unes de otros en cada uno de sus campos de reflexión y acción.

Su marca de identidad nace de la resignificación y la osadía: pasar del temor de ser etiquetadas como sinvergüenzas, al orgullo de ser abiertamente Sin Vergüenzas: seres libres, sin miedo a ser y a expresar sus valores y convicciones. Como mujeres de fe o teólogas nos comprometemos políticamente como queer y feministas. Como feministas y queer sostenemos una fe profunda y gozosa. Les Sinvergüenzas creyentes y no creyentes, cristianes y no cristianes, superando los muros y las prohibiciones hallamos lugares comunes desde donde encontrarnos y construir juntes: la fe como ética, el amor como bandera, la unidad como fuerza y como horizonte, el compromiso inalienable con la vida.

Nuestro caminar conoce el insulto y la exclusión: "Sí, soy teólogx y persona de fe. Aunque en espacios activistas me insulten y tachen de 'ingenuidad' mi apuesta por sostener mi fe y mi esperanza más allá de mis propias fuerzas". "Sí, soy feminista y queer, aunque las estancias religiosas me excluyan por cuestionarlas, reivindicar y sostener una relación profunda y liberadora con la divinidad.

Como Les Sinvergüenzas, desafiamos el temor de la etiqueta y la crítica y lo transformamos en nuestra propia fuente de inspiración: No tenemos vergüenza de ser lo que somos, ni de la forma en que existimos. Somos capaces de proponer al mundo una Teología Sin Vergüenza, una espiritualidad liberadora Sin Vergüenza; de crear y liderar comunidades de fe abiertas, libres e inclusivas, Sin Vergüenza; de impulsar a otros a rescatar su valor y elevar su voz.

Teología Sin Vergüenza es un proyecto patrocinado por Soulforce, Una organización que trabaja para terminar con la opresión religiosa y política de las personas LGBTQI, desenmascarando las ideologías de la Supremacía Cristiana y sanando los espíritus de nuestras comunidades de las heridas de una religión utilizada como un arma para matar la esperanza, la fe y el alma de las personas. Trabajamos un análisis radical, la educación política, y el poder espiritual para activistas en diversos movimientos sociales donde sea que su incidencia está amenazada por el fundamentalismo cristiano religioso.

Somos Las Sinvergüenzas; ¡descaradamente activistas, feministas, queer y personas de mucha fe! ¿Eres tú unx de nosotrxs?

Sobre lxs Autoras

Karina Vargas es costarricense, educadora y teóloga feminista. Su formación incluye lingüística, estudios de género y comunicación transcultural. Tiene una maestría en Liderazgo Global del Seminario Fuller, en Pasadena, California y una maestría en Estudios sobre Violencia Social y Familiar de la Universidad Estatal a Distancia, en San José, Costa Rica. Actualmente, está en las etapas finales de su formación como psicóloga y psicoanalista en la Universidad Nacional de Costa Rica y la Asociación de Psicoanálisis Crítico Social en San José, Costa Rica.

Por más de 20 años ha participado en el diseño e implementación de programas educativos y de formación de liderazgo. Actualmente se desempeña como profesora en The Center for Global Education and Experience de la Universidad de Augsburg, Minneapolis, MN, donde se enfoca en explorar los impactos de la religión y la espiritualidad en las realidades políticas, sociales y económicas de nuestro continente. Ha participado en procesos judiciales como testiga experta en temas de abuso religioso. También, trabaja como consultora en temas de investigación y educación para Soulforce.

Sus proyectos de interés actuales tienen que ver con la investigación de los perfiles de abuso en contextos religiosos y las dinámicas de vinculación donde florece la manipulación religiosa, la organización y facilitación de grupos de apoyo y atención terapéutica de personas sobrevivientes de diferentes formas de violencia religiosa y sexual, la construcción de marcos jurídicos que pongan límite y consecuencias a estas formas de violencia y abuso, y los espacios de intercambio y reflexión en psicología crítica y psicología social.

Rev. Alba Onofrio es activista y teóloga cuir feminista que vive en la intersección de múltiples identidades en el Sur de los Estados Unidos con raíces Latinoamericanas. Obtuvo su maestría en Teología Pastoral en la Universidad de Vanderbilt con un enfoque en género y sexualidad.

Alba tiene más de 20 años de experiencia trabajando con organizaciones y movimientos sociales. Es educadorx internacional profundamente comprometidx con el trabajo de la liberación cuir y los derechos de las mujeres en muchas partes del Sur Global. A través de su trabajo actual como Codirectora Ejecutiva y Estratega Espiritual de Soulforce, ha creado una serie de publicaciones teológico-políticas para deconstruir las ideologías de los fundamentalismos cristianos y presentar acercamientos liberadores a la Biblia.

También conocida por su personaje público: "Reverenda Sex", trabaja en el acompañamiento individual y dirige talleres para descifrar la Supremacía Cristiana blanca en la vida de las personas, sanar los traumas internalizados desde la religión y reclamar los deseos sagrados. Es fundadorx y copresentadorx de Teología Sin Vergüenza, un proyecto digital sobre la teología cuir feminista con seguidores internacionales en más de 47 países.

Alba ha contribuido a las antologías paradigmáticas: *Revolutionary Mothering: Love on the Front Lines* y *Voices from the Ancestors: Xicanx and Latinx Spiritual Expressions and Healing Practices*.

Judith Bautista Fajardo es educadora, artista y presbitera de la RCWP Roman Catholic Women Priests. Teóloga Inter fe y activista cuir, fundadora de la Comunión Espiritual En Todos Tus Nombres. Judith es Doctora en Educación con Especialidad en Mediación Pedagógica y Biopedagogía; Especialista en Desarrollo de Procesos Afectivos con énfasis en Estética y Corporalidad y Licenciada en Filosofía y Letras. Tiene estudios de postgrado en Psicoterapia Transpersonal e Integrativa y Psicoterapia ampliada por la Antroposofía de la Sección Médica del Goetheanum Dornach-Suiza.

Como compositora, escritora y editora entre sus publicaciones están los libros: *Memoria colectiva, corporalidad y autocuidado: Rutas para una pedagogía decolonial, Danzando la resurrección de los cuerpos*; los poemarios *Destellos de Tormenta Azul y Como Espada de Dos Filos*, finalista del XXI Premio Mundial Fernando Rielo de Poesía Mística. Es coautora de la *Revista Shemá 2: Perspectivas de Inclusión en el Evangelio de Juan* y la Antología *Palabras para el Encuentro* y las obras musicales: *Mesa de Fraternidad, Minga de la Esperanza y Desacostúmbrame.*

Actualmente es docente de la Universidad Pedagógica Nacional y consultora en las áreas de Arte, Cuerpo, Desarrollo Humano y Espiritualidad. Es líder en el desarrollo de pedagogías del arte y el cuerpo para la paz con comunidades víctimas de la violencia, con su propuesta de "Corposíntesis: Pedagogías de cuerpos en re-existencia para otros mundos posibles". Desde su plataforma JBF Sendas de Vida, impulsa LA ÑAPA, Programa semanal de reflexiones teológico-espirituales y de actualidad y su canal de Youtube seguido por personas de habla hispana de cerca de 15 países.

Reconocimientos:

Agradecemos a la Fundación Henry Luce, la Fundación E. Rhodes y Leona B. Carpenter, y la comunidad de donantes de Soulforce por financiar la investigación, la escritura, y publicación de este libro. También extendemos nuestro agradecimiento a la Fundación Henry Luce por financiar la Colaboración de Teología Pública y Justicia Racial en Vanderbilt Divinity School y a la Directora Asociada, Dra. Teresa Smallwood. Gracias por crear espacios que hacen posible que activistas, académicos y profesionales se unan para erradicar la violencia y las injusticias en nuestras comunidades amadas.

Conceptos clave

Abuso Religioso es una forma severa de Violencia Espiritual, ejercida de forma repetida y mal intencionada en espacios formalmente religiosos. Consiste en formas de maltrato o agresión hacia una persona o grupo de personas en el marco de una relación intencionalmente diseñada para compartir y/o crecer en la espiritualidad u otras dimensiones religiosas. El Abuso Religioso es a su vez una forma de abuso de poder, que implica, por lo general, la relación entre una persona o una instancia con poder otorgado por estructuras religiosas y personas o grupos subordinados a estos que se identifican como, seguidoras, discípulos, aprendices, hijas e hijos espirituales, ayudantes, fieles, ovejas, etc

Colonialismo es la práctica ejercida por naciones dominantes de controlar regiones o naciones más pequeñas convirtiéndolas, de forma literal o simbólica en colonias de su reino: zonas de explotación de recursos naturales, humanos y económicos, dominadas mediante cobros de tributos, intercambios desiguales, imposiciones económicas y culturales e incluso, en muchos casos, represión militar. Ya cuando las colonias son legalmente independientes, las secuelas del colonialismo continúan dando forma a la vida sociocultural, económica y política.

Cristianismos Fundamentalistas son movimientos religiosos que se caracterizan por sostener creencias estrictas que son producto de la interpretación literal de la Biblia, doctrinas conservadoras y la idea de superioridad de sus enseñanzas religiosas. Estas características se manifiestan comúnmente en forma de intolerancia y oposición a otras religiones, a teologías cristianas más liberales y al conocimiento científico.

Doble Moral o Dobles Estándares consiste en una serie de reglas tácitas que regulan las relaciones y los comportamientos, siendo en muchos casos aplicadas con laxitud a las personas con más poder y con mayor severidad a los más vulnerables al interior de la estructura religiosa.

Hegemonía Cristiana consiste en el predominio del cristianismo cultural sobre otras religiones, debido a la gran concentración de personas que practican la misma tradición religiosa, fruto de la colonización efectuada por las potencias europeas y el proceso de cristianización de los pueblos conquistados.

Hegemonía Religiosa es una realidad global, presente en muchos momentos de la historia y que se manifiesta cuando un sistema de valores religiosos, sistemas de creencias o normas culturales propios de la religión dominante, predomina como criterio de normatividad en todos los aspectos de la sociedad, incluidas las estructuras educativas, políticas, sociales, económicas y legislativas de un país o una región.

Heteronormatividad se entiende como las formas en que la heterosexualidad se normaliza y se impone como criterio universal, a través de prácticas y normatividades en las familias, el trabajo, espacios sociales y públicos. Son prácticas tan frecuentes y diarias que terminan entendiendo el ser heterosexual como la única forma legítima de sexualidad.

Ideología es un patrón de ideas cerrado al diálogo y a la diferencia, que busca adeptos, genera segregación entre sus seguidores y contradictores, impidiendo a los primeros cuestionar o desarrollar sus propias formas de ver el mundo fuera de ella, y deslegitimado, excluyendo o eliminando a los segundos.

Legalismo Religioso consiste en conjuntos de reglas y leyes morales estrictas, supuestamente basadas en la Biblia, la Palabra de Dios, que funcionan como mecanismos de control social a fin de incrementar el poder de los pastores o líderes y disminuir el cuestionamiento y agencia de la libertad en les creyentes.

Superioridad Moral es la tendencia de juzgarse y autopercibirse, de forma individual o colectiva, como "mejor que el promedio", desde un punto de vista moral. Consiste en creerse más sociables y en mejores capacidades de actuar, opinar y decidir sobre lo que es "bueno" o "malo", lo "correcto" o "incorrecto", en relación a otros grupos y personas, pensándose como más honestos y justos, y por tanto con autoridad para juzgar, excluir o reprimir a otres.

Supremacía Cristiana es la relación parasitaria que se establece cuando ciertas corrientes del cristianismo son puestas al servicio de los sistemas de poder y dominación. Se utiliza la cultura, los imaginarios y textos sagrados del cristianismo para moralizar y legitimar medidas violentas y opresoras de instituciones, gobiernos, individuos y grupos de poder.

Terrorismo Espiritual es una estrategia de la Supremacía Cristiana cuyo propósito es mantener su ejercicio del poder de forma sistémica con la amenaza de la violencia y la represión. El Terrorismo Espiritual busca mantener a sus "grupos objetivo" en "su lugar" a través del miedo, creando espacios y fronteras en donde cualquier manifestación fuera de lo normal puede verse castigada incluso con la pérdida de la vida. Este se instala en las estructuras de poder en los Estados y a través de las instituciones dominantes, infunde terror e instiga al miedo de los grupos marginalizados o con menos poder.

Trauma Espiritual ocurre cuando una persona enfrenta eventos que producen una violación o pérdida de algo que consideran sagrado. Son eventos no predecibles y devastadores, asociados a experiencias espirituales o religiosas negativas. Se manifiesta en dolorosas luchas espirituales difíciles de superar a nivel emocional y físico. Implica sensaciones de desconfianza y enojo, así como sentirse profundamente traicionados, con la sensación de que Dios y sus fundamentos espirituales les fueron robados.

Vasallaje es el sistema de las relaciones de vasallaje tienen su origen en la edad media y establecía un acuerdo entre una persona de mucho poder y otra con menor poder. La persona de mayor poder, el señor feudal, ofrecía al vasallo protegerle, mantenerle y otorgarle privilegios, mientras el vasallo prometía a su señor, servirle, defenderle y serle fiel de forma absoluta, además de aceptar que su familia y tierras estuvieran también sometidas al señor. Dependiendo de cómo prosperará esta relación, un vasallo que se fortalecía por los privilegios alcanzados gracias a su fidelidad, podía en algún momento establecer su propia relación de vasallaje, siendo ahora señor de otros con menos poder, generando así toda una pirámide social.

Violencia Espiritual ocurre cada vez que el lenguaje sobre Dios o el moralismo religioso, causa daño —con o sin intención— al valor sagrado o la dignidad íntima de una persona o grupo. Puede ser ejercida por cualquier persona, incluso personas muy cercanas y en cualquier contexto social. Produce daños emocionales, psicológicos y espirituales, partiendo de ideologías religiosas y sociales que niegan la autenticidad y el valor sagrado de la persona a partir de la Supremacía Cristiana.

Violencia de Género señala los actos, conductas o acciónes violentas que generan malestar, daños o sufrimientos físicos, sexuales y/o psicológicos para las mujeresy/o personas de la diversidad sexo-genérica. Estos incluyen amenazas, coacciones, privaciones de libertad, maltrato físico y psicológico, invasiones a su cuerpo o juicios en torno a su imagen o presencia, tanto en ámbitos públicos como privados. Son ejemplos de esta violencia la imposición de roles de género: responsabilidades, expectativas o conductas obligadas por ser mujeres/o varones; el maltrato o privación de la libertad por razones de género; o incluso el feminicidio —cuando una mujer es asesinada por un hombre debido al machismo o la misoginia—, y los crímenes de odio contra las personas LGBTQI. En el contexto religioso, esta violencia se manifiesta en restricciones y subordinación en las familias y las relaciones de pareja; en sermones y prácticas excluyentes por motivos de género, así como en limitaciones en el acceso a servicios o cargos de liderazgo.

Nota metodológica y bibliografía recomendada

Este texto está escrito a partir de años de investigación colectiva e interdisciplinaria por parte de las autoras y nutrido por sus experiencias acompañando a sobrevivientes de abuso espiritual. Posteriormente el contenido de esta cartilla fue revisado a lo largo de una serie de talleres dirigidos a activistas cuir y feministas de distintos lugares de América Latina sobrevivientes de abuso religioso supervisados por profesionales de la salud mental.

Enlistamos a continuación algunos recursos consultados y recomendados para profundizar en el estudio de la Violencia Espiritual:

Anderson, LMFT and Peck, LCSW. Religious Trauma and the Nervous System. The Religious Trauma Institute. https://www.religioustraumainstitute.com/workshops.

Baltodano, M. y Miranda, G. (2009). (eds.). Creencias Cómplices. En *Género y Religión*. San José, SEBILA, 2009.

Belgrave, L. F. (2015). Cambios en las creencias religiosas en Costa Rica. *Siwô'Revista de Teología/Revista de Estudios Sociorreligiosos*, 9(1), 51-77. https://www.revistas.una.ac.cr/index.php/siwo/article/view/10988/13817

Berkhoff, A. Marín, M. Moraga, M.Parra, Jara, K. Venegas, K. & Orellana, Z. (2011) Construcción de la Identidad de la Mujer Pentecostal. Universidad de Concepción. Revista Pequén 2012. Vol. 2, n° 1, p. 51, p. 51 - 66. http://revistas.ubiobio.cl/index.php/RP/article/view/1833/1777

Blasco, I. (2010) Género y religión: Mujeres y catolicismo social en la historia contemporánea de España. Pórtico. Revista de Historia y Pensamiento Contemporáneos, 4, 7-20.https://www.academia.edu/3859979/Género_y_religión._Mujeres_y_catolicismo_en_la_historia_contemporánea_de_España

Calderón, A. (2015). Pentecostalismo, mujeres, y vida cotidiana. Universidad de Costa Rica. https://kerwa.ucr.ac.cr/handle/10669/29955

Carrasco, P. (2007). Hegemonía y contra hegemonía, Desafíos para el diálogo ecuménico. *Ciencias religiosas*, (15), 89-102. http://biblioteca-digital.ucsh.cl/greenstone/collect/revista1_old/index/assoc/HASH01e2.dir/Hegemonia.pdf

Cuevas Marín, C. D. P., & Bautista Fajardo, J. (2018). *Memoria colectiva, corporalidad y autocuidado:: Rutas para una pedagogía decolonial.* Universidad Pedagógica Nacional. http://repository.pedagogica.edu.co/bitstream/handle/20.500.12209/12572/Memoria%20colectiva%20book%20-%20web.pdf?sequence=1

Delgado, L. & Madriz Franco, R. (2014). Colonialidad del poder, patriarcado y heteronormatividad en América Latina. *Revista venezolana de estudios de la mujer,* 19(42), 95-110. https://core.ac.uk/download/pdf/267077948.pdf

Díaz, P. Abuso eclesiástico: de un silenciamiento global a un problema público transnacional. https://www.coes.cl/wp-content/uploads/Abuso-eclesiastico-PDL.pdf

Foulkes, I. (2013) Complicidad Bíblica con la Violencia contra las Mujeres. El caso de Efesios 5,22-33. Revista Caminhos, Goiânia, v. 11, n. 2, p. 185-200, jul./dez. https://xdoc.mx/documents/irene-foulkes-resumo-a-cultura-da-violencia-contra-a-mulher-se-5e6406903fbe5

Galeano, E. (2004). *Las venas abiertas de América Latina.* Siglo xxi. https://biblioteca.corteidh.or.cr/tablas/r31206.pdf

Hall, and Pinn. Religious Trauma & Race. A conversation exploring the intersection of Religious Trauma, Race, and Politics. The Religious Trauma Institute https://www.religioustraumainstitute.com/religious-trauma-and-race

Johnson, D., & VanVonderen, J. (2005). *The subtle power of spiritual abuse: Recognizing and escaping spiritual manipulation and false spiritual authority within the church.* Baker Books.

Marcos, S. Religión y género: contribuciones a su estudio en América Latina Introducción al volumen religión y género. Estudos de Religião. 2007. https://dialnet.unirioja.es/descarga/articulo/6342705.pdf

Miranda, G. (2009). Mujeres sacrificadas y violencia religiosa: una discusión sobre el martirio y la religión patriarcal. En Cook, E. (Ed.). Género y Religión. San José: Sebila. pp. 41-58

National Geographic en Español. El Glosario del Género. https://www.ngenespanol.com/el-mundo/identidad-sexual-y-de-genero-definicion-de-identidad-de-genero/

Newman, S. A. (2008). From John F. Kennedy's 1960 Campaign Speech to Christian Supremacy: Religion in Modern Presidential Politics. NYL Sch. L. Rev., 53, 691. https://digitalcommons.nyls.edu/cgi/viewcontent.cgi?article=1515&context=nyls_law_review

Oliva, E. L. (2003). La derecha religiosa y el fundamentalismo cristiano. *Temas, La Habana*, (35), 44-9. http://ftp.isdi.co.cu/Biblioteca/BASE%20DE%20DATOS%20DE%20GREENSTONE/revistat/index/assoc/HASHd3e5.dir/doc.pdf

Onofrio, A. (2020). Christian supremacy is a front for power: Reverend Alba Onofrio explains. Open Democracy. https://www.opendemocracy.net/en/5050/christian-supremacy-is-a-front-for-power-reverend-alba-onofrio-explains/

Onofrio, A. Herrin H. & Mendez, Y. (2019) Lo que aún no te han dicho sobre la Biblia. Serie A Destapar. Biblioteca de Recursos Espirituales. Soulforce. https://soulforce.org/download/sobre-la-biblia/

Onofrio, Alba (2019) ¿Qué es la Supremacía Cristiana? Biblioteca de Recursos Espirituales. Soulforce. https://soulforce.org/download/que-es-la-supremacia-cristiana/

Onofrio, Alba (2019) Génesis I: El Género de Dios y la Creación. Serie A Destapar. Biblioteca de Recursos Espirituales. Soulforce. https://soulforce.org/download/genesis-1/

Ortega, R. P. (2006). El Trauma que nos une. El psicoanálisis y lo social: ensayos transversales. (Vol. 128). Universitat de València.

Panotto, N., Quero, H. C., & Slabodsky, S. (2015). Religión en clave poscolonial: Miradas des-colonizantes de los entramados de poder. Decolonial Horizons, 1, 1-13. https://www.researchgate.net/publication/314327871_Religion_en_clave_poscolonial_Miradas_des-colonizantes_de_los_entramados_de_poder

Pintos, M. Teología Feminista, Otra Perspectiva del Feminismo y la Religión. Revista Conlaa Número 18: Creyentes y Descreídas. 2013. https://blog.cristianismeijusticia.net/interview/teologia-feminista-otra-perspectiva-del-feminismo-y-la-religion

Ramirez, G. A., Vargas, A. P., & de Janeiro, R. (2020). Políticas Antigénero en América Latina–"Ideología De Género", Lo "Postsecular", el Fundamentalismo Neopentecostal y el Neointegrismo Católico: La Vocación Anti-Democrática. *Observatorio de Sexualidad y Política*. https://sxpolitics.org/GPAL/uploads/resumos-pt/E-book-Resumos-PT-02082021.pdf

Rosales, M. (2010). Abuso Espiritual. *Semanario Universidad*. Universidad de Costa Rica. https://semanariouniversidad.com/opinion/abuso-espiritual/

Starr, R. (2021). Cuando la salvación es supervivencia. *Aportes Teológicos*, (10), 1-86. https://revistas.ubl.ac.cr/index.php/apteo/article/view/226/669

Tamayo, J. J. Discriminación de las Mujeres y Violencia de Género en las Religiones. Director de la Cátedra de Teología y Ciencias de las Religiones, Universidad Carlos III de Madrid. 2011. https://usuaris.tinet.cat/fqi/forum13/tamayo1.pdf

Van Dijk, T. A. (1999). *Ideología: Una aproximación multidisciplinaria*. Barcelona: Gedisa. https://www.academia.edu/41524241/Van_Dijk_Teun_Ideologia_Un_Enfoque_Multidisciplinario

Vargas, K. (2016). Violencia y Desigualdad de Género desde los Mandatos Religiosos: Su construcción y consecuencias en la vida de mujeres cristianas en posición de liderazgo. Universidad Estatal a Distancia. https://aleph23.uned.ac.cr/F/TRLF242RSDQ2EE6K9CFMQF9S4I6ETQ3Y8JJTJXIYIC3VDQ9HL2-21114?func=full-set-set&set_number=003073&set_entry=000001&format=999

Vivas, M. S. Género y teología. Facultad de Teología de la Pontificia Universidad Javeriana. 2001. https://www.redalyc.org/pdf/1910/191018202002.pdf